HOW TO PLAY D&B

Drum & Bass

드럼 & 베이스
알고 연주하면 달라진다 CCM편

by 박은찬, 이범석

| 세상의 모든 리듬을 말한다 |

score♪

Drums 박은찬

- 서울예술대학 실용음악과 졸업
- The Collective school of music – Diploma
- 정원영 밴드
- MBC 수요 예술무대 하우스 밴드
- Live & Recording Session
  김동률, 이적, 카니발, 베란다 프로젝트, 박정현, 김연우, 정인, 바비킴, 김진호, 정준일, 이현우, 권영찬, 토마스쿡, Tim, 빅마마, 클래지콰이, 박기영, 어반자카파, 마이큐, 블루앤블루, 오마이걸, 레인보우, 장동건, 공유, 이준기, 송정미, 한웅재, 김도현, 김형미, 꿈이있는자유 등
- 부흥한국 사역자

  현) 호원대, 동아방송예술대, 백석대, 국민대, 숭실대 출강

Bass 이범석

- 명지대학교 법학과 졸업
- 경희대학교 아트퓨전디자인대학원 퍼포밍아트학과 실용음악석사 졸업.
- 〈이범석 #1〉 EP 발매.
- tvN 〈노래의 탄생〉 패널연주자.
- Live & Recording Session

  화요비, 이승기, 서영은, 이기찬, 이상은, 인피니트, 빈지노, 매드클라운, 에릭남, B1A4, Ra.D, 브라더수, 백아연, 박정현, 루빈, 요조, 강민경, 바다, 포지션, 민해경, 공유, 박신양, 정성화, 최정원, 오마이걸, 한그루, 마커스 워십, New Sound Worship, 영화 〈신의 한수〉, 영화 〈산타바바라〉 등
- Producing
  김은태 미니앨범 〈안부〉, BrunyIsland EP 〈사랑을 찾아서〉, 하늘소년 〈EP 1〉 〈EP 2〉, 신은영 미니앨범 〈오아시스〉, 이혜미 〈My Melody〉 〈His Melody〉 앨범 등.
- Arrangement
  오마이걸, 유발이의 소풍, 한충은 앨범 등

  전) 명지전문대, 동서울대, 한국국제예술원 출강
  현) 계명대, 숭실대, 서울종합예술학교 출강.

머리말

밴드에서 드럼&베이스의 중요성은 아무리 강조해도 지나치지 않을 것입니다.
필자들은 드럼&베이스의 앙상블 때문에 음악이 달라지는 경우를 수도없이 경험해 왔습니다.
역량이 뛰어난 연주자들은 점차 많아지고 있지만 그 음악에 맞는 옷을 입혀줄 수 있는 드럼&베이스를 만나기는 쉽지 않은 것 같습니다.
이를 위해 본 교재는 몇가지 부분에 중점을 두었습니다.

첫째, 8가지 다른 스타일의 곡들을 최대한 그 스타일에 맞게 연주하면서 동시에 원곡에 충실하고 보다 깊은 워십을 할 수 있도록 초점을 맞추어 집필하였습니다.

둘째, 본 교재는 곡의 시작부터 마지막까지 개연성있게 연주하였습니다. 곡이 전개됨에 따라 변화되는 다이나믹과 단락간의 매끄러운 연결에 초점을 두고 연주했습니다.

셋째, 특히 필자들은 필드에서의 풍부한 경험을 바탕으로 독자들이 실전에 바로 적용할 수 있도록 집필하였습니다.

넷째, 원테이크를 기본으로 일체의 편집이나 믹싱이 없는 날 것(연습실) 그대로의 사운드를 영상과 함께 부록으로 첨부하였습니다.

다섯째, 드럼베이스 각 악기의 실전연주 팁을 통해 각 필자의 노하우를 최대한 알기 쉽게 설명하였습니다.

이 책을 통해 많은 드럼&베이스 연주자들이 음악안에서 역할을 깨닫고 자신있게 연주했으면 하는 바램입니다. 또한 각 워십팀들이 좀 더 탄탄한 리듬위에서 예배로 더 깊이 들어갈 수 있게 되길 바랍니다.

Drum

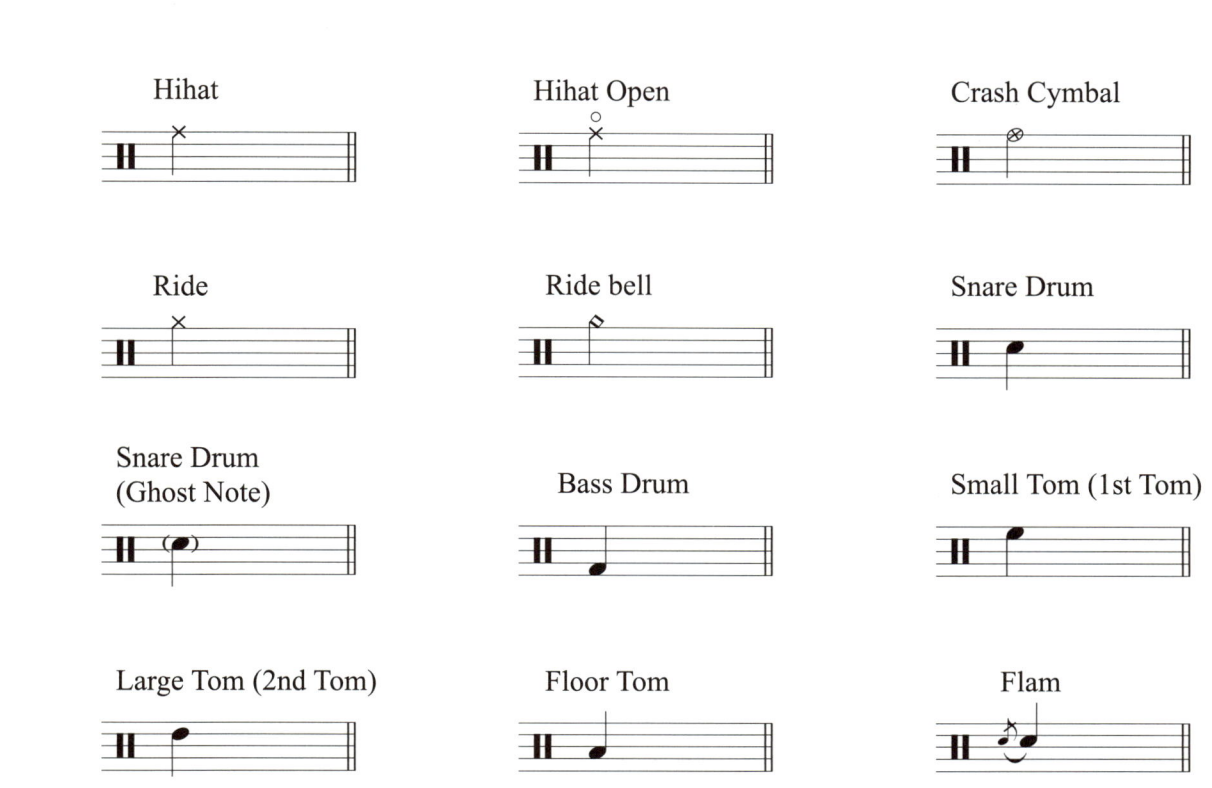

Hihat

Hihat Open

Crash Cymbal

Ride

Ride bell

Snare Drum

Snare Drum (Ghost Note)

Bass Drum

Small Tom (1st Tom)

Large Tom (2nd Tom)

Floor Tom

Flam

Bass

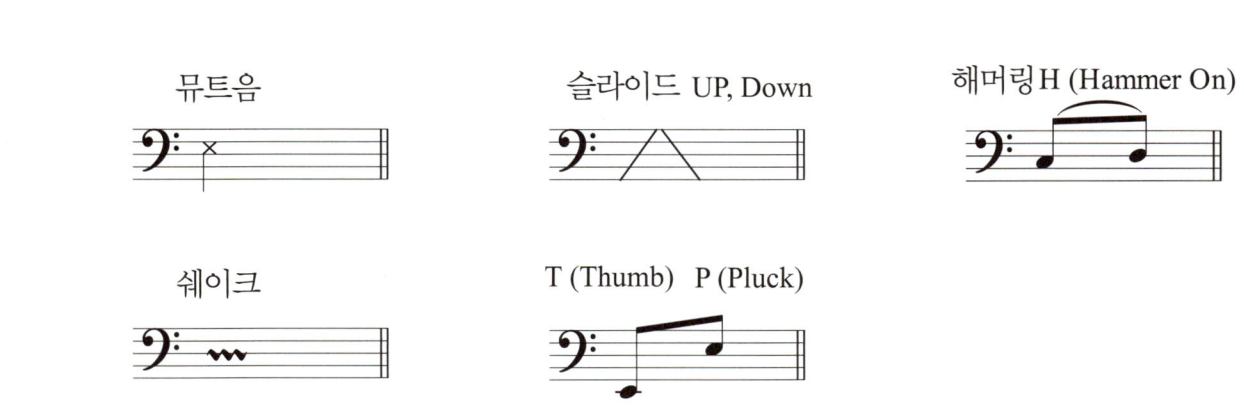

뮤트음

슬라이드 UP, Down

해머링 H (Hammer On)

쉐이크

T (Thumb)　P (Pluck)

CONTENTS

Track 1   Track 1-2

발라드

• • •

크리스찬 워십 음악 프로듀서 돈 모엔(Don Moen)의 'I Offer My Life'를 통해 발라드를 파헤쳐 봅니다.
한국에서는 '나의 모습 나의 소유'라는 번역곡으로 더 유명합니다.
두 악기의 연주영상과 채보된 악보를 참고하여 본격레슨을 시작해보세요.

• • •

예배 중 가장 많이 불리는 발라드 스타일의 곡입니다. chorus부분을 반복하는 경우가 많기 때문에 처음부터 다이나믹[1]에 신경써서 연주합니다.

verse, chorus, bridge에 어울리도록 전체적인 전개를 생각하며 연주합니다. 발라드라는 장르의 특성상 전반적으로 노트의 릴리즈[2]를 길게 유지하여 연주하며 각 마디의 코드나 전체 조성을 고려한 라인을 곳곳에 사용하도록 합니다. 다이나믹 차이를 주기 위하여 초반에는 터치를 조절하는 노력도 필요합니다.

---

1 다이나믹(Dynamic) : 음량의 변화에 관한것을 말하지만 여기서는 곡 전체의 음량변화를 말합니다.
2 릴리즈(release) : 소리가 사라지는데 걸리는 시간을 말합니다.

D&B 본격 레슨

1 verse 1 X 2

곡의 도입부이므로 각 마디 첫 박을 충실하게 연주하기로 정합니다. 그 외의 부분은 충분한 여백과 함께 곡의 흐름을 따라 갑니다. 반복 시에는 연주에 변화를 줄 수 있고 또한 verse2를 고려하여 절제하여 연주할 수 있습니다.

A verse1

A'

전체적인 다이나믹의 10% 정도만을 구현하고, 하이햇 연주도 최대한 간결하게 표현합니다. 곡의 특성상 verse의 마지막부분이 2/4박자이므로 주의하여 연주합니다. (참고영상)

발라드곡이므로 루트의 릴리즈를 길게 유지해 줍니다. 곡의 중간중간 라인의 움직임을 8비트에 어울리고, 멜로디에 방해되지 않게 연주합니다.

처음 제시된 코러스는 악보에 있는 기본적인 8비트 패턴을 충실하게 연주하고, 다이나믹은 40~50% 정도를 구현합니다.

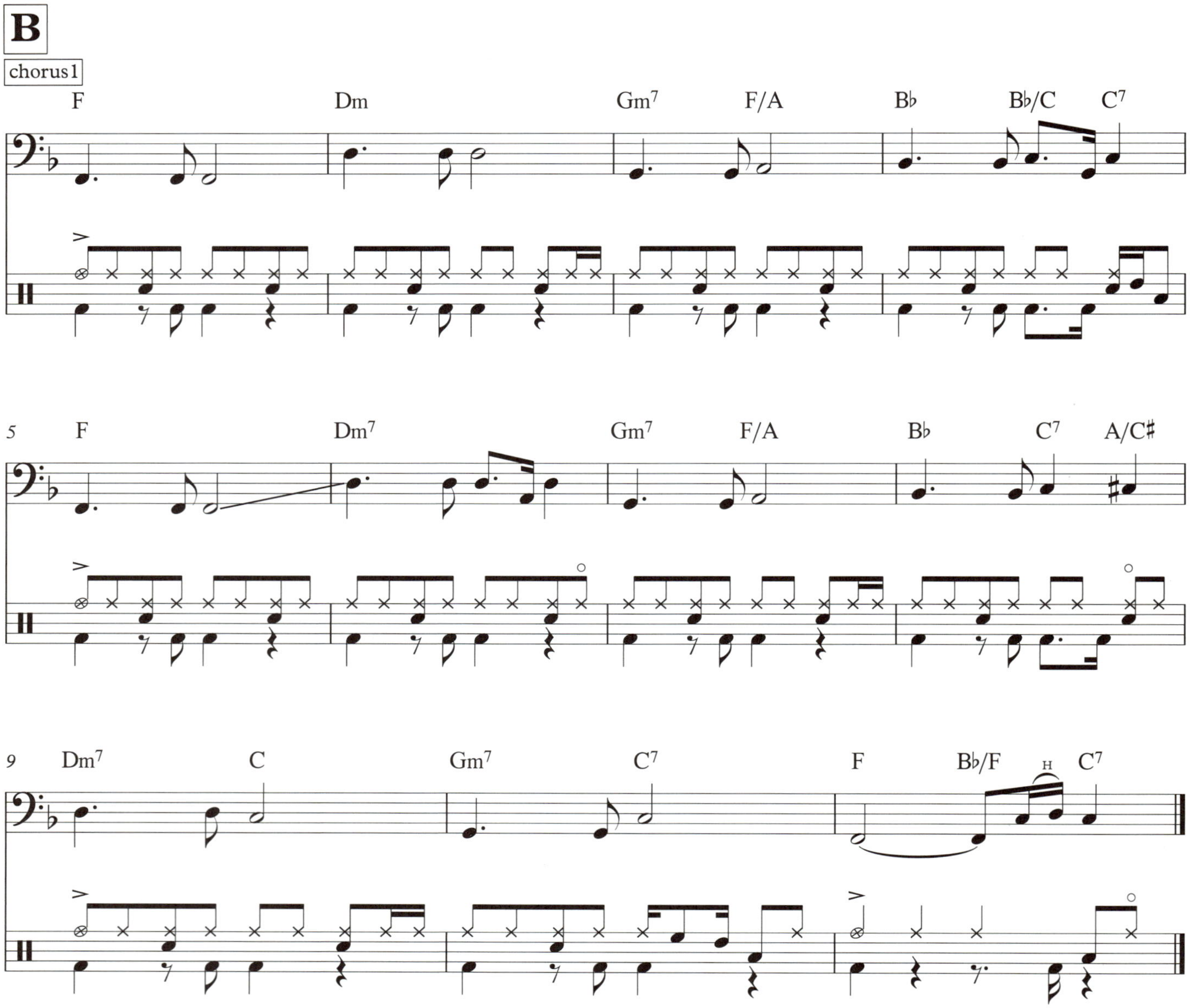

곡의 흐름상 verse로 다시 돌아가야 하기 때문에 너무 흥분하지 않도록 주의합니다. chorus의 느낌을 내주어야 하기 때문에 간단히 필인과 하이햇 오픈을 사용합니다. verse2로 넘어가기 위해 정리하는 필인을 적절히 사용하는 것이 중요합니다. (드럼은 이런부분에서 센스가 결정되죠)

드럼의 킥 패턴을 고려하여 연주하되 킥보다 타이밍이 앞서지 않도록 주의합니다. chorus 이긴 하지만 곡의 초반부이므로 비트를 쪼개기 보다는 굵직하게 릴리즈를 유지하며 곡을 밑받침 해줍니다. (절제)
verse2로 돌아가기 전에 리듬 및 라인을 미리 정리합니다.

2절 verse이기 때문에 1절 verse보다 힘있게 연주하고, verse지만 곡 전개상 드럼과 베이스가 변화를 약간 주어 지루하지 않게 합니다. 다이나믹은 30% 정도를 구현합니다.

크로스스틱[3]을 사용하지만 하이햇의 16비트 어프로치[4]를 사용함으로써 힘있게 전개되어야 합니다. verse에서는 크래쉬심벌의 느낌을 라이드심벌에서 연주하는 것이 보다 효과적입니다. 곡의 전개상 마지막 verse이기 때문에 chorus로 넘어가는 아름다운(?) 필인들을 연구해보세요. (영상참조)

역시 드럼의 킥 패턴을 고려하여 연주하되 릴리즈를 조절하며 힘있고 절도있게 표현하도록 노력합니다. (포인트!!!) 적절한 라인(?)을 선택하여 멜로디가 전개되지 않는 부분에 사용하도록 합시다.

---

3 크로스스틱(Cross stick) : 흔히 림샷이라고 하고 스네어의림을 스틱으로 연주하는 주법입니다.
4 어프로치(Approach) : 여기서 approach는 전개되는 것을 뜻합니다. 16비트 느낌으로 하이햇을 연주하라는 뜻이지요.

4 chorus2

chorus1과 비슷한 패턴을 연주하지만 드럼, 베이스 상호간에 자유롭게 연주하며 곡을 전개시킵니다. 자연스럽게 전개하며 Bridge까지 그 힘을 이어가도록 합니다.

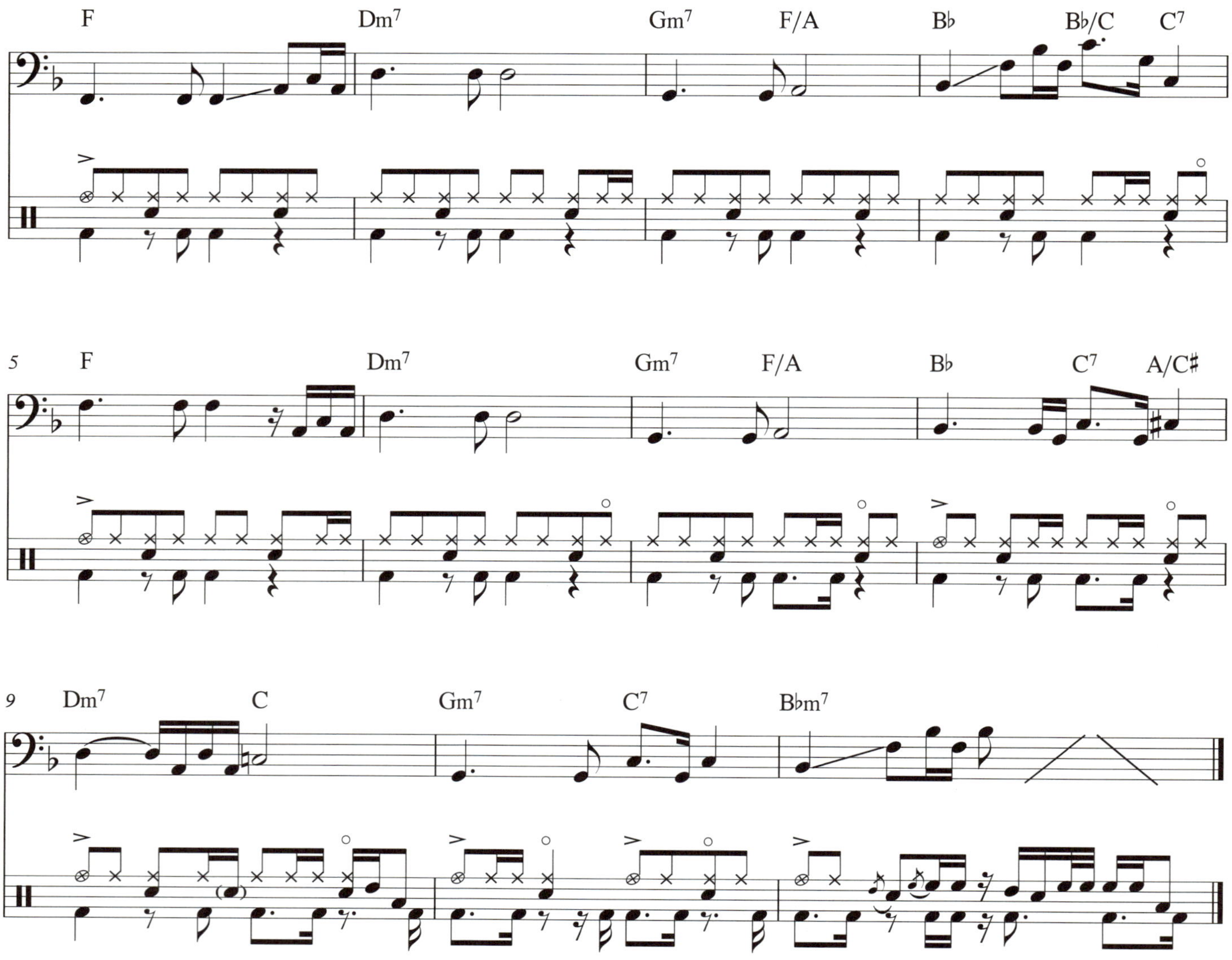

chorus1과 같은 기본적인 패턴 위에 다양한 16비트 하이햇 패턴과 멜로디에 적절한 필인들을 곳곳에 사용합니다. bridge로 넘어갈 때의 필인은 화려하고 빌드업[5]이 되도록 연주합니다.

드럼연주를 통해서 다이나믹이 상승되는 구간이므로 함께 에너지를 공유하며 연주합니다. 멜로디가 머물러 있는 구간등에서는 과감하게 도약하는 필인을 연주합니다. bridge에는 스타일이 변하기 때문에 미리 준비하는 것도 잊지 마세요.

---

5 빌드업(Build-Up) : Fill-in을 쌓아나가는 것을 말합니다.

5 bridge

bridge는 멜로디 라인의 리듬을 따라가는 패턴과 락킹[6]하고 힘있는 두 가지 방법으로 연주해 보았습니다.

1 | 멜로디 라인의 리듬 패턴을 따라가는 경우

멜로디 라인이 8비트 싱코페이션[7]으로 진행되는데 그 리듬 패턴을 따라가기로 합니다. bridge이기 때문에 드럼, 베이스 상호간에 더 자유롭게 어프로치하세요.

멜로디는 8비트 싱코페이션이지만 좀 더 자연스러운 연주를 위해서 16비트 킥 패턴을 사용합니다.
더하여 적절하고 자연스러운 고스트노트를 통해 좀 더 자연스럽게 리듬을 전개합시다. 곡에 방해가 되지 않는 범위에서 적극적인 필인을 사용해도 좋습니다.

킥 드럼의 기본패턴을 따라가며 8비트 싱코페이션 패턴을 힘있게 연주합니다. 음악이 고조되기 때문에 무분별하게 비트를 쪼개거나 라인을 남발한다면 곡의 흐름을 가볍게 만들 수 있으므로 조심해야 합니다. 드럼의 필인등과 연계되는 필인을 할 수 있다면 더욱 좋습니다.

---

6 락킹(Rocking) : Rock의 느낌을 말합니다.
7 싱코페이션(Syncopation) : 당김음을 말합니다.

2 | 락킹한 패턴으로 연주하는 경우
멜로디 라인보다는 크게 그림을 그리고 무게감 있게 연주합니다.

락킹한 킥 패턴이므로 자잘한 리듬의 변화나
필인보다는 드라이빙감을 살려서 리듬을 연주
하고 굵직한 필인을 연주합니다.

chorus보다 더 굵직한 패턴을 연주하고 좀 더
낮은 현의 음을 사용하여 표현하도록 하세요.

6 chorus3

곡의 하이라이트이자 마무리하는 부분이므로 변화를 따라가는 유기적인 연주가 중요합니다.

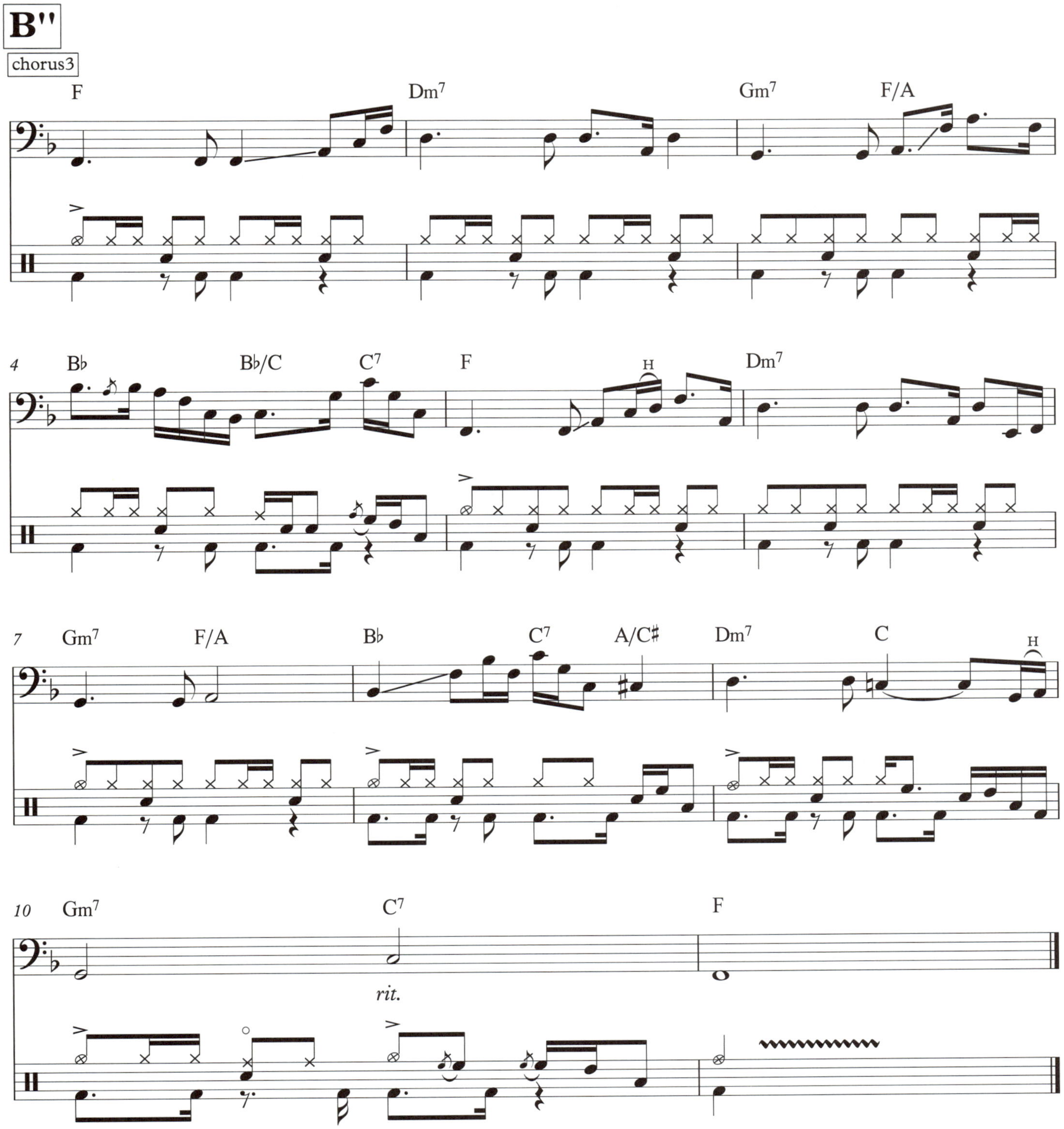

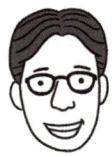

앞의 bridge부분과도 일맥상통하는 이야기지만 드럼이 밴드를 이끌어가기 때문에 하이라이트 부분에서는 적극적이고 자연스러운 연주가 필요합니다. 따라서 마지막 chorus에서는 하이라이트를 살려주기 위해 좀 더 화려한 필인이나 리듬에서의 탐을 이용한 연주 등을 통해 곡의 전반적인 분위기를 이끌어 갑니다.

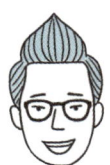

곡의 하이라이트이기 때문에 터치로 표현할 수 있는 최고의 볼륨을 연주할 수 있도록 합니다. 드럼의 킥 패턴을 존중하되 새로운 패턴을 전개하며 하이라이트를 이끌어내는 것도 좋습니다.

Drum

많은 드러머들이 발라드에서 드러머로서의 테크닉은 한계가 있다고 생각할 것입니다.
그러나, 발라드라는 장르의 특성상 그 드러머의 역량이 가장 명확히 드러난다고 생각합니다.
발라드에서 드럼의 특징을 크게 세가지로 설명해 보겠습니다.

첫째, 표현할 공간이 가장 많습니다.
둘째, 다이나믹의 range가 가장 큽니다.
셋째, 내공이 많으면 많을수록 무한한 가능성이 열려있습니다.

우선 발라드는 BPM 60~75정도의 tempo로 이루어져 있고, 몇몇 곡을 빼고는 섹션이 많지 않습니다.
(요즘 음악경연 프로그램의 영향으로 발라드에서도 어마어마한 섹션의 향연을 즐길 수 있죠)
물론, 곡의 스타일에 따라 차이가 있을 수 있지만 연주자의 의지에 따라 여백을 줄수도 있고, 가득 채울 수도 있습니다. 앞에서 살펴 본 「나의모습 나의소유」도 1절에서는 크게 움직이지 않고 변화가 적었으며, 8비트의 전형적인 연주를 하고 있습니다. 전체적인 사운드나 분위기를 중요하게 생각하고 있다고 해야겠죠.

그러나, 2절 후렴구 후반에서 bridge로 가면서부터는 자유롭게 연주하는 것을 볼 수 있습니다. 느낌도 16비트로 쪼개고 있죠. 연주로만 보자면 Chaka-Khan의 「Through The Fire」 같은 느낌이라고 할까요. 이처럼 덜 치려면 덜 치고 더 많이 치려고 하면 무한히 쪼개어 연주 할 수 있는 것이 발라드인 것 같습니다. 따라서 공간의 문제와 함께 다이나믹도 그 범위가 아주 큰 것이죠. 더욱이 문제는 이것들을 어떻게 적재적소에 배치하여 연주하느냐 하는 것이죠.
사실 많은 드러머들이 정말 좋은 테크닉을 가지고 있지만, 이 문제를 해결하지 못하는 경우를 정말 많이 봅니다. "고기도 먹어본 사람이 먹을 줄 안다"고 했던가요. 좋은 음악을 많이 듣고, 좋은 공연들을 많이 보는 것이 가장 큰 해결책이라고 생각합니다.

한 가지 더 이야기하자면 바로 Ghost note의 문제입니다. 발라드에서도 Ghost note를 사용한다는 것은 이미 많은 드러머들이 알고 있을 것입니다. Ghost note의 문제 또한 앞서 이야기 한 것처럼 언제 어떻게 사용하느냐 하는 것입니다. 위의 곡에서 Ghost note가 사용되고 있지 않습니다. 하지만 Bridge부분을 보면 라이드로 리듬이 진행되며 하이햇을 쪼개주고 있습니다. 사실 이 하이햇 부분이 스네어로 옮겨지면 바로 Ghost note가 되는 것입니다.
예전의 필자 같았으면 후렴구부분에서도 자연스럽게 Ghost note를 사용했을 것입니다. 그러나 언제부턴가 그것이 능사가 아니라는 것을 알았습니다. 어쩌면 그로 인해 곡의 그루브가 방해를 받고 있다는 것을 알게 된 것이죠.
필자는 모든 악기가 다같이 앙상블을 할 때 마이너스 요인이 될 수 있다고 생각하여 이 곡에서는 Ghost note를 사용하지 않아야겠다고 판단했습니다. 그 이유인 즉슨 「나의모습 나의소유」는 8비트에 그 뿌리가 있기 때문입니다.
만약 16비트의 그루브였다면 자연스럽게 많은 Ghost note를 사용했을 것입니다.
다음에 기회가 된다면 그런 발라드 곡을 다뤄보도록 하겠습니다.

다시 한 번 bridge부분을 악보와 함께 들어보고, 스네어에서 Ghost note를 연주해보시죠

Br bridge ver.1

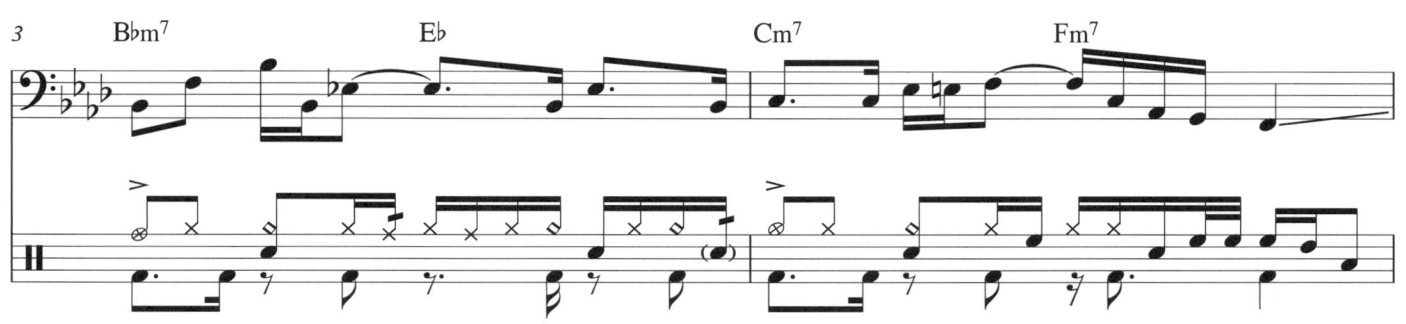

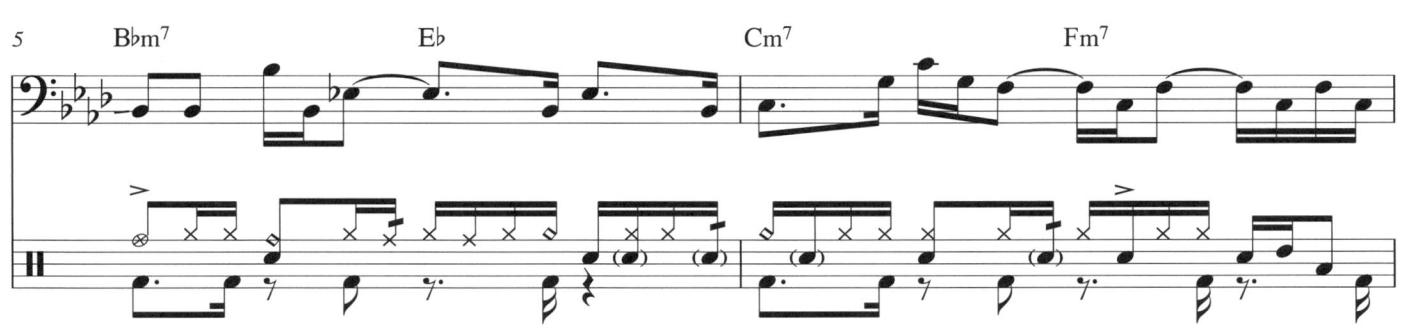

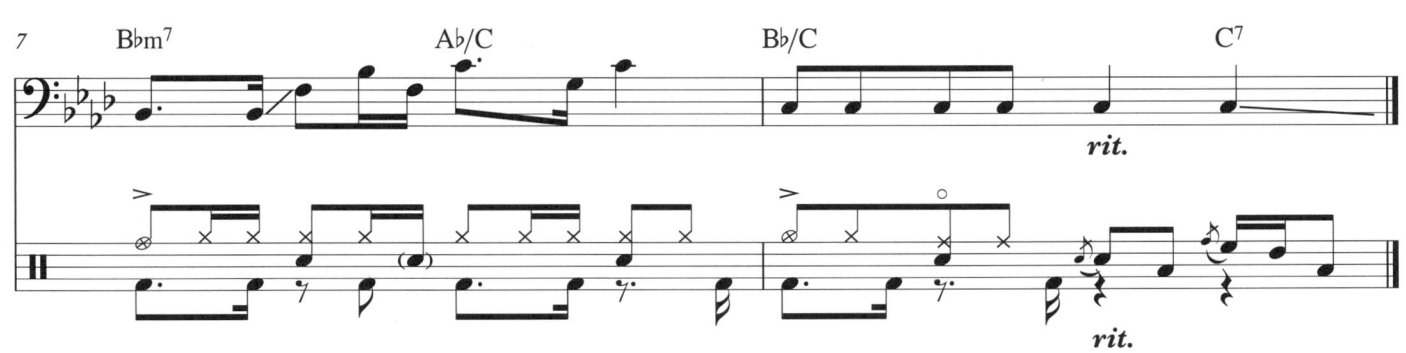

Bass(릴리즈, 터치, 톤메이킹, 라인)

발라드에서 베이스 연주는 어떤 장르에서의 연주보다 고려해야 할 부분이 많습니다. 템포도 느리고 연주하는 노트도 적기 때문에 쉽게 생각하고 접근하는 경우가 많습니다. 그러나 이러한 생각과는 반대로 공간이 많기 때문에 더 많은 경우의 수가 존재하고 자칫 리듬이 흔들리거나 릴리즈가 끊겼을 때 티가 많이 나기 때문에 가장 어려운 장르 중의 하나라고 이야기할 수 있을 것입니다. 적게 치고 많이 치고의 문제로 접근해야 하는 것이 아니라 사운드를 밑받침 해주면서 곡이 유연해 질 수 있도록 접근하고 연주해야 하는 것이죠. 그러므로 발라드에서의 베이스 연주는 테크닉보다는 '이 곡을 전체적으로 이해하고 있는가?'에 따라서 완성도의 차이를 보이게 됩니다.

흔히 이야기하는 '릴리즈를 길게 해라, 짧게 해라' 등의 표현도 발라드에서 베이스 tip을 이야기하면서 살펴보기로 합시다. 릴리즈(release)는 노트를 지속하는 상태를 말합니다. 발라드에선 릴리즈를 길게 유지함으로서 전체적으로 곡의 밑바닥을 견고하게 하고, 곡 전체를 안정감 있게 해주는 것이 베이스의 역할이라고 생각합니다. 이 릴리즈를 길게 유지하기 위해 연주하는 베이시스트들의 왼손이 굉장히 우스꽝스럽게 나오기도 하지요. 일전에 레코딩 세션으로 저명한 신현권선생님의 발라드 녹음하시는 모습을 보게 되었는데, 릴리즈를 길게 유지하기 위해 왼손에 주의를 기울이시는 모습을 보고 많은 것을 느꼈습니다.

연주 전반적으로 릴리즈를 길게 유지하는 것이 중요하다는 것이지 곡 전체를 끊기지 않게 릴리즈를 유지하며 연주해야 하는 것은 아닙니다. (우리는 미디 베이스가 아니잖아요~) 곡이 전개되는 과정에서 나오는 라인을 돋보이게 하기 위해서 전후 노트에서 릴리즈를 짧게 가져가기도 하고 브릿지 같이 8마디 안에서 큰 다이나믹을 주어야 할 때는 릴리즈를 길고 짧게 번갈아 가져가며 드라마틱하게 음악을 만들어 주도록 해야 할 것입니다. 이러한 센스는 여러 뮤지션들의 연주를 카피하고, 다양한 연주경험이 쌓이다보면 생기겠죠? 정답은 없습니다!!

그리고 터치 부분에서는 처음부터 현이 충분히 울릴 수 있을 정도로 연주하되 후반부의 다이나믹을 위해 조금의 여유를 두고 연주하는 것이 좋을 것 같습니다. 그렇게 해야 곡의 후반부에서 드럼의 어택과 다이나믹이 올라왔을 때 베이스도 함께 연주에 힘을 받아 다이나믹을 끌어 올릴 수 있을 것입니다.

악기의 톤을 잡을 때는 베이스와 트레블을 조금 부스팅하고 미드는 조금 컷하는 사운드를 만들어주면 전체적으로 따스하고 잘 묻는 베이스톤을 만들 수 있습니다. 미드톤은 존재감을 부각시키는 영역이라서 발라드 연주를 할때는 컷을 하는 것이 일반적이지만 가지고 있는 악기가 미드영역대가 너무 없는 베이스일 경우에는 적당한 존재감을 위해서 컷하지 말아야 할 수도 있을 것입니다. 가요나 팝 발라드 음악에서의 베이스 톤을 많이 들어보세요!
(※ 톤메이킹은 연주를 하는 장소나 목적에 따라 달라져야 합니다. 녹음, 야외공연장, 실내공연장, 재즈클럽, 소규모 합주실등 전체 공간의 크기나 목적에 따라 적절한 톤을 잡기 위하여 많은 노력이 필요할 것입니다.)

또한 라인을 연주할 땐 전체조성과 각 마디의 코드를 벗어나지 않아야 하겠고, 트렌디한 발라드라면 특징을 살리기 위해 각 코드의 1, 5, 8음과 더하여 9음을 많이 사용해서 곡이 세련된 흐름을 가질 수 있도록 하면 좋을 것입니다. 3, 7음을 한두군데 정도만 사용한다면 곡에 포인트를 더해 줄 수 있을 것 같습니다.

프로 연주자와 아마추어 연주자의 차이를 가장 느낄 수 있게 해주는 장르가 발라드라고 생각하는 이유에 대해서 여러분도 이해 하셨을거라 생각하며 자세한 부분은 영상을 참고하며 연습해보세요. 파이팅!

Lesson 1 발라드(Ballad)

크리스찬 워십 음악 프로듀서 돈 모엔(Don Moen)의 'I Offer My Life' 중 드럼 연주를 채보하였습니다.
앞의 본격 레슨과 Tip을 떠올리며 주의 깊게 연주해보세요.

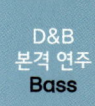

Lesson 1 발라드(Ballad)

크리스찬 워십 음악 프로듀서 돈 모엔(Don Moen)의 'I Offer My Life' 중 베이스 연주를 채보하였습니다.
앞의 본격 레슨과 Tip을 떠올리며 주의 깊게 연주해보세요.

A verse1

A'

B chorus1

A' verse2

락

· · ·

예수전도단 캠퍼스 워십리더 심형진씨의 곡으로 〈예수전도단 캠퍼스 워십〉 3집에 수록된
'멈출 수 없네'를 통해 락을 파헤쳐 봅니다. 두 악기의 연주영상과
채보된 악보를 참고하여 본격레슨을 시작해보세요.

· · ·

각 단락이 명확히 구분되는 곡입니다. 각 단락을 정확히 연습하여 여유있
게 연주하도록 합니다. 특히 fill-in이 잘 도약할 수 있도록 정리합니다.

락 음악은 베이스가 잘 달려야 합니다. 베이스기타를 잡고 가장 먼저 접하는 장르
가 8비트 스타일의 락 음악일 것 입니다. 곡이 전개되면 4비트, 8비트 패턴의 연주
를 번갈아가며 연주하여 곡의 다이나믹을 조절해 줍니다.

D&B 본격 레슨

1 Intro

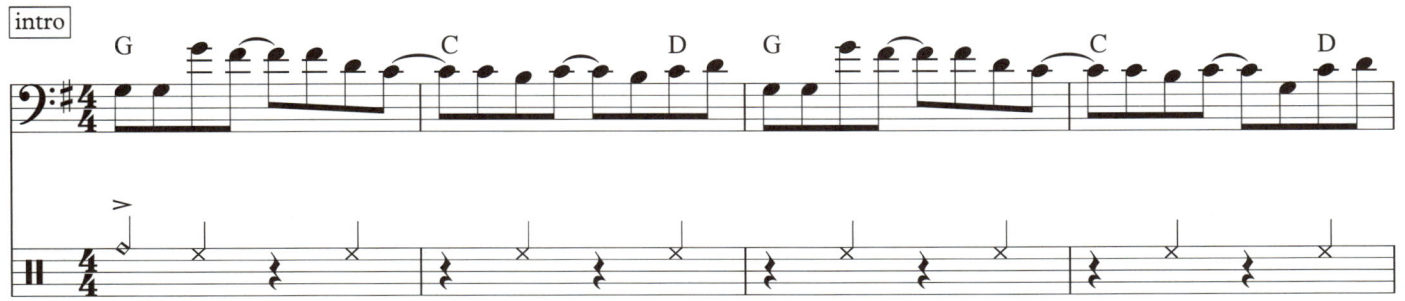

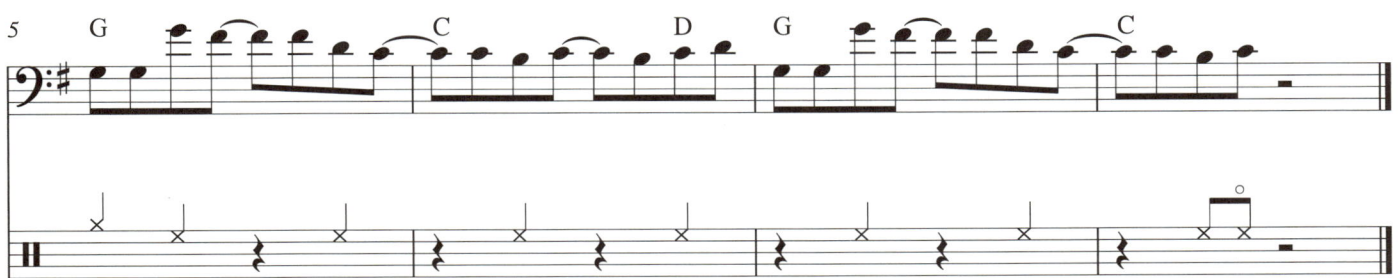

 베이스 리프가 썰렁하지(흐흐흐) 않도록 가볍게 각 마디의 2,4에 하이햇을 연주합니다.

베이스 리프가 부드럽지만 리듬감을 잃지 않도록 집중해서 연주합니다.

TIP

인트로에서 노래로 바로 넘어가는건 재미없겠죠.
그래서 우리는 준비했습니다. 베이스 리프를 이용한 8비트 싱코페이션 break.
(간주등에서도 똑같이 사용하면 되겠죠?)

2 Verse

4비트 feel로 킥드럼과 베이스가 같이 연주합니다. (찰지게 붙여 연주했어요)

A verse

킥드럼은 4비트를 칼같이 지켜주시고 하이햇은 강약이 확실하게 8비트로 연주해주세요. 이때 과도한 하이햇 바리에이션은 자제합니다. 1절 verse니까요! 그러나 베이스 리프가 다시 등장하는 부분에선 약간의 바리에이션이 필요하겠죠?

킥드럼에 잘 맞춰 4비트 연주를 해야합니다. 긴장해서 연주하거나 너무 정확히 맞추어 연주하려 하면 오히려 비트를 놓치게 돼요. 킥드럼의 어택보단 베이스가 조금 뒤에 있어야 더욱 묵직한 4비트 느낌이 나겠죠? (#영상참고) verse 마지막 부분에서 인트로 리프로 넘어가고 또 다시 돌아올 때 긴장하지 않도록 주의!!

3 Pre Chorus

인트로와 verse에 조였으니까 잠깐 풀어주는 것이 곡의 흐름상 좋습니다.

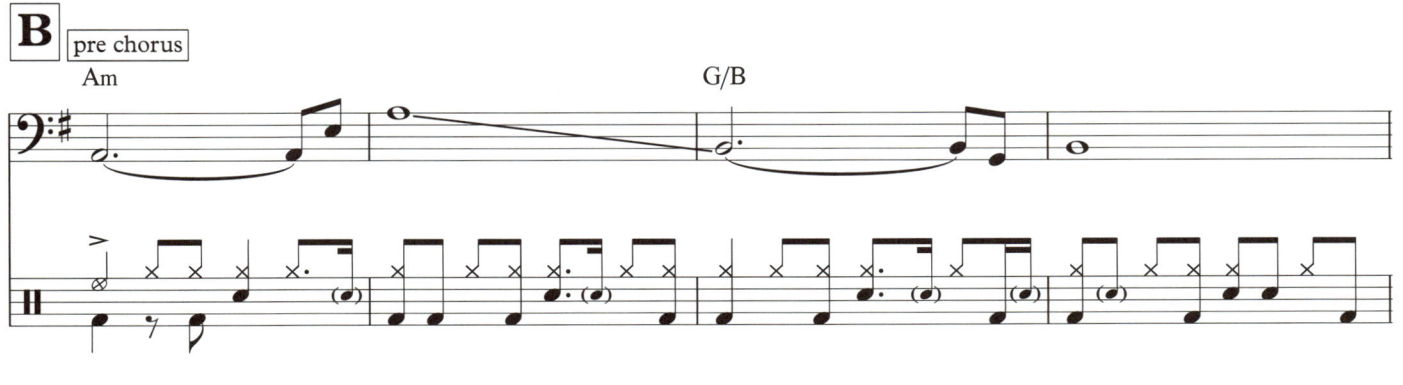

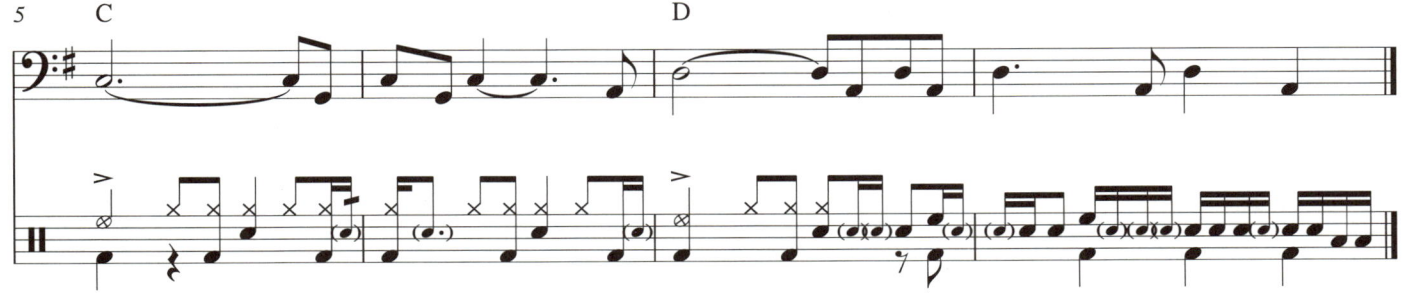

 마디의 3에 스네어 백비트(업계에서 전문용어로 바이라고 하죠)가 나오게 연주하면 더욱 풀어지는 느낌이 납니다. 여기에 탐을 잘 활용해서 연주합니다.
코러스로 가는 필인에선 다시 2,4에 스네어 백비트를 연주함으로써 락킹한 사운드와 함께 긴장감을 더해줄 수 있음!

두마디를 한마디의 느낌으로 연주해 주어야 하는 구간이므로 드럼의 스네어 백비트 타이밍에 귀를 기울이세요.
템포가 절반으로 줄어든 것이나 마찬가지이므로 멜로디가 쉬는 구간등에서는 과감하게 멋진 라인들을 연주합시다!!

C
chorus

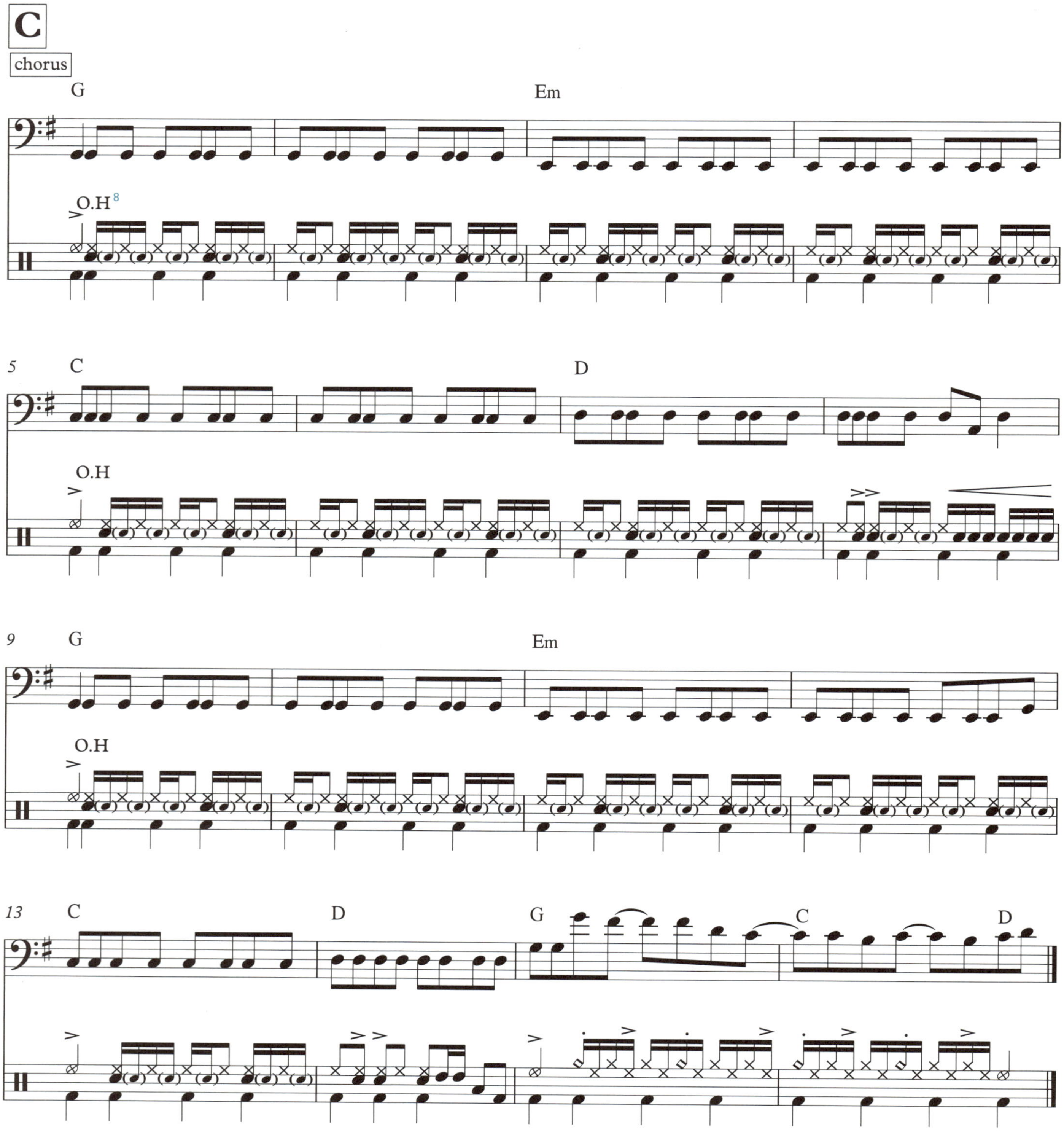

하이햇을 오픈하고 락비트로 달려주세요~
킥패턴을 4비트로 밟게되면 베이스 기타와 함께 드라이빙하는 느낌은 좋지만 너무 단조롭게 됩니다! 오픈 하이햇이 지저분하지 않으려면 8비트의 강약이 확실해야함!!! 킥, 하이햇 패턴은 악보 및 영상을 참고해주세요~

줄창 달리는겁니다! 오른손 검지와 중지를 사용하여 드럼비트에 맞춰 연주합니다.
혹시라도 두손가락의 밸런스가 맞지 않는다면 한손가락만 사용하는 것도 하나의 방법!! (실제로 녹음할 땐 이렇게 연주하는 경우가 많음!!) 드라이빙을 방해하지 않을 정도의 라인사용은 괜찮습니다~

5 Bridge

Br
bridge

샤우팅하는 부분은 4비트 킥패턴을 유지합니
다. 나머지 두마디는 Q&A의 느낌으로 샤우팅
에 대한 대답을 필인으로 표현합니다.

샤우팅하는 부분은 드럼과 함께 4비트 패턴으
로 연주하고 답하는 두마디는 16비트 싱코페
이션 패턴으로 펼치듯이 연주합니다. (악보 및
영상참고)

6 Pre Chorus 2

B' pre chorus2

기본적으로 1절과 같은 느낌으로 연주합니다. 그러나 Bridge가 끝나고 마지막 chorus로 도약하는 부분이기 때문에 충분한 에너지를 가지고 사운드를 펼쳐주는 느낌을 주도록 합니다. 이때 groove에 맞게 적절한 ghost note를 사용해주면 좋을 것 같습니다. 그리고 chorus에서 절정으로 터져줘야 하기 때문에 chorus로 넘어가는 필인은 컴비네이션을 사용해줌으로써 깔끔하게 정리를 해줍니다.

베이스도 역시 1절과 같은 느낌으로 연주합니다. 그러나 1절과 다르게 2번 반복하여 마지막 코러스 파트로 이어지기 때문에 첫 번째와 두 번째의 연주가 다이나믹이 차이가 나도록합니다. 멜로디 부분을 고려하며 스케일 톤을 사용하여 위 아래로 더 많이 움직이며 연주합니다.

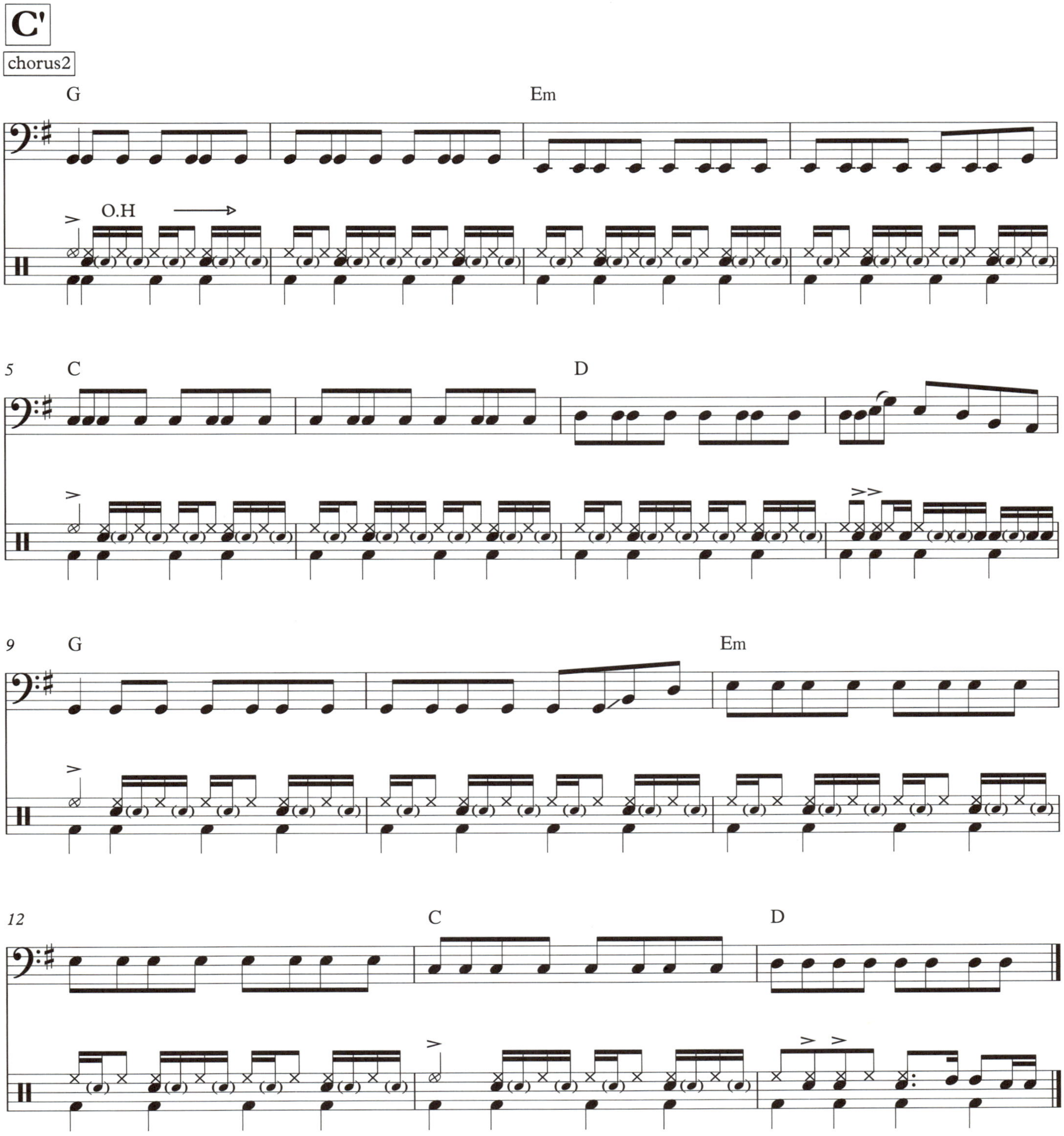

마지막 후렴이므로 후회없이(︶) 시원시원하게 터뜨려줍니다. 이때 하이햇을 오픈하고 연주하게 되는데, 오른손이 확실하게 강약 액센트를 줘야만 지저분하지 않고 정리되면서도 시원시원한 하이햇 사운드를 얻을수 있습니다.

마지막 코러스 부분이라 드럼의 다이나믹과 함께 힘 있게 연주하되 8비트 곡 답게 움직임을 자제하며 무게감 있게 근음 위주로 연주합니다.

8 Outro

인트로와 같은 패턴이지만 엔딩부분에선 8비트 싱코페이션 섹션으로 편곡해 보았으니 연주해보세요. (악보 및 영상참고)

 Drum

이러한 rock스타일의 넘버가 요즘 워십에서 많이 불리는 것 같습니다.
여러 스타일이 있겠지만 대체로 도입부분, 펼쳐주는 부분, 달리는 부분~~ 이렇게(?) 나눠집니다.

먼저 도입 부분은 주로 intro나 verse일텐데요. 이 부분에선 주로 하이햇으로 리듬을 쪼개주고 bass drum으로 정박을 연주해주는 경우가 많습니다. 따라서 하이햇이 상당히 중요하며, 8 beat 나 16 beat 로 움직이기 때문에 평소 꾸준한 연습이 필요합니다. 이때 대부분 강약이나 약강의 beat가 많이 사용되기 때문에 따로 연습이 필요하겠습니다. 여러 방법이 있겠지만, 일단 간단하게 패드에서 할 수 있는 연습을 소개합니다.

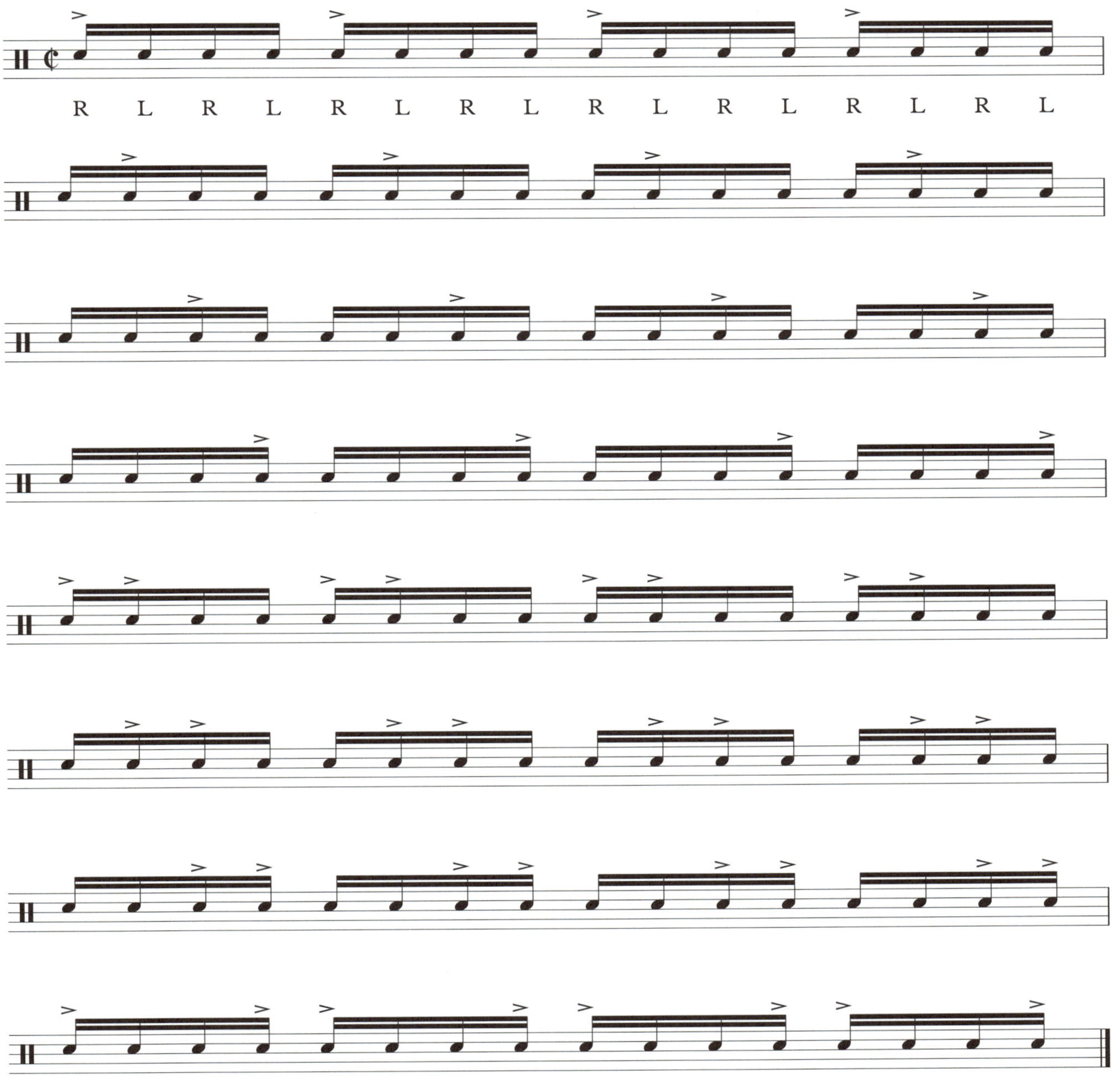

R L R L R L R L R L R L R L R L

다음으로 살펴볼 부분은 펼치는 부분입니다.

여기서 제일 중요한 것은 스네어의 back beat 와 ghost note 그리고 bass drum 패턴입니다.

먼저 back beat를 연주할 때 흡사 single stroke를 천천히 연습할때와 같은 full swing이 중요한 것 같습니다.

swing과 함께 groove도 생기고 여유로운 느낌을 줄 수 있기 때문입니다.

그리고, ghost note는 여러 가지 방법이 있지만 여기에선 영상을 참고하시고....^^

제일 중요한 것은 full swing하는 동작에서 ghost note가 나와야한다는 것입니다.

다시 말해서 ghost note를 위한 다른 swing을 하는 것은 안 좋은 버릇이라 하겠습니다. (영상참고)

끝으로 달리는 부분입니다. 주로 chorus가 되겠군요. 여기서 제일 중요한 것은 open hihat의 처리입니다.

많은 드러머들이 이 부분의 실수로 인해서 시끄럽다는 소리를 들을 것 입니다.

open hihat을 연주할때는

1.일정하게 hihat을 열어주어야 합니다.

2.일정한 강약의 연주가 중요합니다.

　이것을 잘해야만 깔끔한 사운드를 얻을 수 있겠죠. (가장 기본적인 single stroke 연습이 해답입니다.)

3.거기에 Accent를 더해주세요.

여기 그 연습을 위한 악보가 있습니다. 템포에 따라 꾸준히 연습해 주시기 바랍니다.

앞쪽의 Accent 연습 중 첫 번째 연습을 응용하도록 합니다.

첫 번째, 스네어로 연습합니다.

두 번째, Hi-Hat으로 연습합니다

세 번째, 왼손부분을 생략하여 연습합니다.

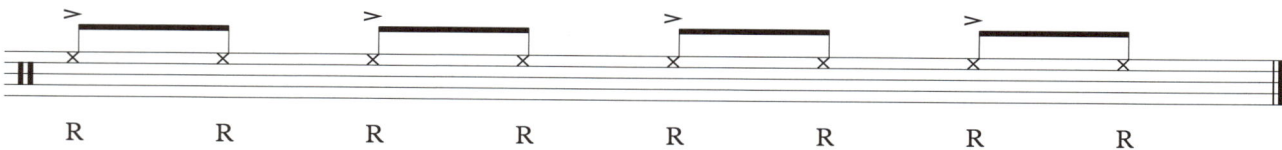

Bass(릴리즈, 터치, 톤메이킹, 라인)

락 음악에서 베이스는 정말 충실하게 루트를 연주해 주어야 합니다. 또한 특징적으로 리프라는 음악적인 '구'가 존재하는데 그 리프를 기타와 함께 낮은음역대에서 연주해주어야 하는 것도 베이스의 역할입니다. 다른 어떤 장르보다 락 음악에서 베이스는 단조롭다고 느껴질 정도로 일정한 패턴을 위주로 연주되어져 왔습니다. 그래서 다양한 라인이나 리듬을 쪼개는 스타일의 연주보다 어떻게 연주해야 곡의 다이나믹을 살릴 수 있을지 늘 고민하게 되는 것 같습니다.

역시 발라드에서와 마찬가지로 먼저 릴리즈에 관한 이야기로 시작해 보고 싶습니다. 락 베이스 스타일로 연주된 곡중에 짧은 릴리즈로 연주된 곡을 살펴보겠습니다. 스팅(Sting)의 'Every breath you take'에서는 베이스가 릴리즈를 짧게 하여 8비트를 연주했는데 짧은 릴리즈의 연주가 곡을 더욱 세련되고 긴장감 있게 만들어 주는 것을 볼 수 있습니다. '멈출 수 없네' 같은 경우엔 베이스가 릴리즈를 충분하게 연주하며 곡 전체를 안정감 있게 끌고 가는 역할을 하고 있는 것을 볼 수 있습니다.

두 번째로 이야기 할 부분은 터치에 관한 것입니다. 레이지 어게인스트 더 머신(Rage Against The Machine)의 'Killing In The Name'에서는 베이스가 강한 어택이 있는 터치로 연주하는 것을 들을 수 있을 거에요. "당당닥닥.."소리가 나는 그런 강한 연주 말입니다(줄과 프렛이 부딪혀서 나는 소리). 때론 더욱 강한 어택을 살리기 위해 피크를 사용하여 연주하기도 하는데 저는 손가락으로 연주하는 것보다 피크가 훨씬 더 어렵습니다. 어쨌든 '멈출 수 없네'에서 저는 verse 부분에선 발라드보단 약간 강한 터치를 사용하였고 chorus부분에선 어택을 주기 위해서 약간의 버징을 감수하며 더 강한 터치를 사용하여 연주했습니다.

세 번째로 악기 톤을 잡는 부분에 대해서 이야기해 봅시다. 일반적으로 락 베이스 톤메이킹이라고 하면 미드대역을 많이 컷하고 베이스와 트레블을 부스트해서 V자 곡선이 되도록 이큐를 세팅하는 모습을 많이 봅니다. 각 종 이큐 세팅 메뉴얼에 이 세팅값으로 락 베이스 톤이 표시되어 있는데 저도 무조건적으로 저렇게 설정해두고 연주했던 기억이 있습니다. 하지만 어택이 강하게 들리는 베이스사운드를 원할 때는 미드대역을 다 깎아서는 절대 안 될 것입니다. 그리고 발라드에서 톤메이킹을 다룰 때 얘기했듯이 개개인의 악기의 특성을 고려하여 톤메이킹을 해야함은 물론이고 더 나아가서는 연주를 하는 곳의 공간의 특성 또한 고려하여 톤메이킹을 해야 할 것 입니다. 그렇지 않으면 존재감 없이 웅웅거리며 밴드사운드를 잡아먹거나 기타의 음역대를 침범하며 밴드사운드를 망쳐버리는 주인공이 되겠죠. 악기에 내장된 프리앰프의 이큐나 앰프에 내장된 이큐를 조절하면서 변하는 베이스 소리를 들어보고 나만의 프리셋을 만들어 두는 것도 다양한 환경에서의 연주를 위해 필요한 일이라 생각합니다. 또한 앰프의 게인을 높여 오버게인 즉 드라이브가 걸리는 톤을 만들어서 강력한 사운드를 만들어서 연주하기도 합니다. 이 때 앰프의 게인을 높여서 연주하는 방법도 있지만 스피커의 우퍼나 트위터가 재생하도록 설계된 용량을 넘어서면 찢어질 수도 있으니 드라이브페달을 사용하여 연주하는 것을 추천합니다.

마지막으로 조성에 맞는 기본 다이어토닉 스케일과 펜타토닉 스케일, 코드톤을 사용하여 굵직하면서도 포인트가 되는 라인을 연주 해보도록 합니다.

이제 락 음악을 신나고 개성 있게 연주해 봅시다.

Lesson 2 락(Rock)

예수전도단 캠퍼스 워십리더 심형진씨의 곡인 '멈출 수 없네' 중 드럼 연주를 채보하였습니다.
앞의 본격 레슨과 Tip을 떠올리며 주의 깊게 연주해보세요.

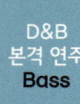

Lesson 2 락(Rock)

예수전도단 캠퍼스 워십리더 심형진씨의 곡인 '멈출 수 없네' 중 베이스 연주를 채보하였습니다.
앞의 본격 레슨과 Tip을 떠올리며 주의 깊게 연주해보세요.

락큰롤

· · ·

싱어송라이터 리타 발로쉬(Rita Baloche)의 'Rock of Ages'를 통해 락큰롤을 파헤쳐 봅니다.
한국에서는 '주님같은 반석은 없도다(만세 반석)'라는 번역곡으로 더 유명합니다.
두 악기의 연주영상과 채보된 악보를 참고하여 본격레슨을 시작해보세요.

· · ·

전형적인 락앤롤 곡입니다. 멜로디보다도 기타 리프에 집중하며 연주해 보도록 합니다.

락큰롤은 블루스, 컨트리, 재즈, 가스펠이 혼합된 장르라고 할 수 있습니다. 따라서 연주 스타일도 위에 언급한 장르들의 절충형태를 취하는 것을 볼 수 있습니다. 1, 6, 5음을 사용하여 8비트 싱코페이션 패턴으로 연주했고, 드럼의 그루브와 맞게 연주하여 곡을 탄탄하게 받쳐 주도록 했습니다.

D&B 본격 레슨

1 intro, outro

락앤롤 스타일에 맞게 연주하도록 노력했습니다. 마지막 마디의 섹션을 정확히 연주함으로써 verse의 리듬과 확실히 구분되도록 연주했고, 이 때 특히 다이나믹에 신경을 썼습니다. outro도 동일하나 엔딩섹션을 좀 더 신경써서 연주했습니다.

코드톤을 사용하여 조금은 간소화시킨 락앤롤 패턴을 연주했고, 드럼의 리듬과 함께 스트레이트함을 유지하도록 노력했습니다. 섹션은 드럼과 타이트하게 맞도록 칼같이 연주했습니다.

A
verse

멜로디에 맞춰 리듬을 연주한 부분과 락앤롤 스타일로 연주한 부분을 잘 표현 했습니다. 이 때 다이나믹이 확실히 구분되도록 표현하는 것이 중요합니다.

멜로디가 있는 부분과 멜로디가 없는 부분을 각각 다른 패턴으로 연주했고, 멜로디가 없는 부분에는 코드톤을 사용하여 자유로운 락앤롤 스타일을 연주했습니다.

B chorus

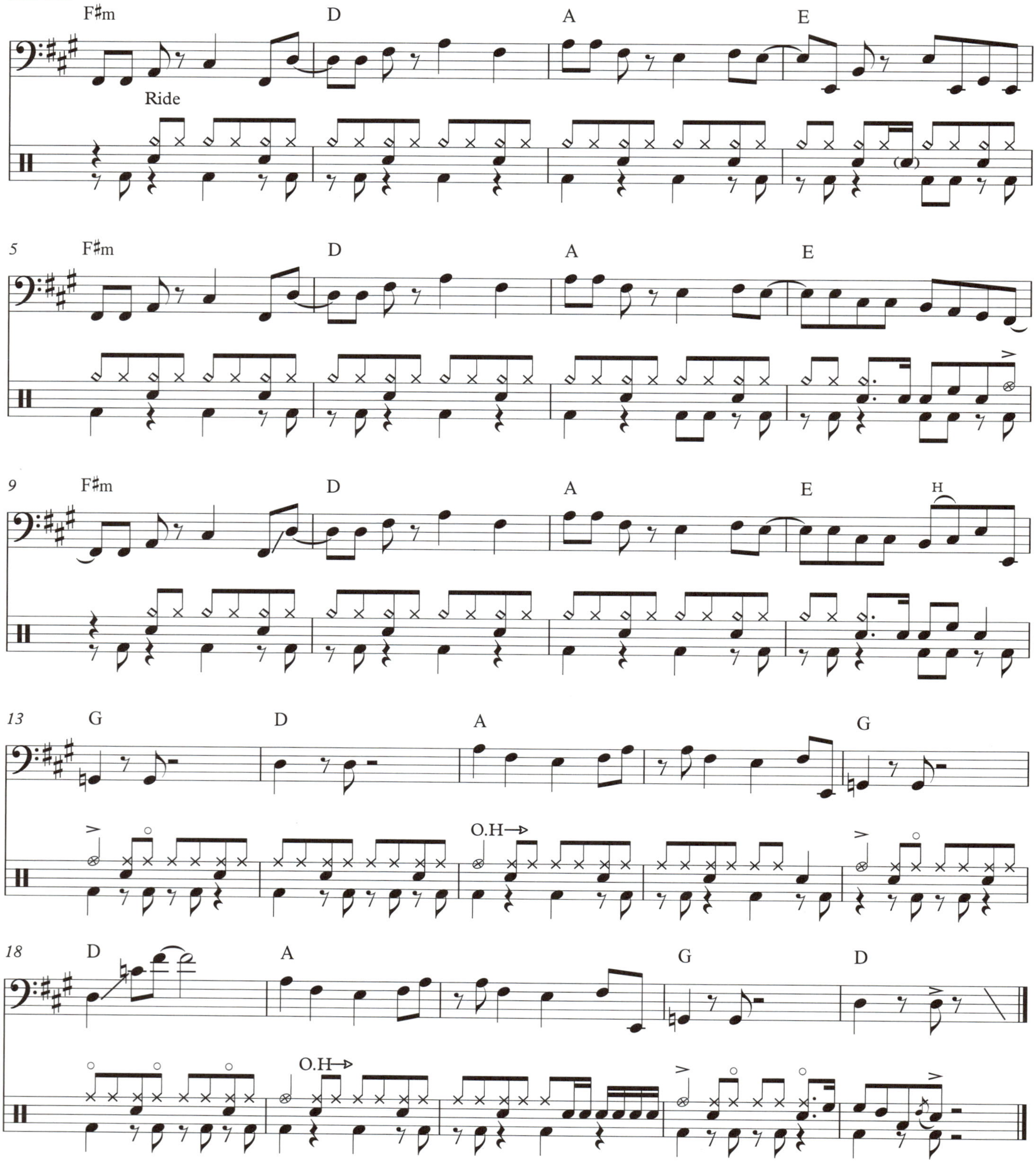

첫 번째와 세 번째 부분은 멜로디에 맞춰 싱코페이션으로 연주했습니다. 전체적인 느낌은 좀 더 락앤롤스럽게 연주했습니다. 뒷부분의 bis는 verse와 마찬가지로 두 부분이 확실하게 구분되도록 다이나믹을 살려 연주했습니다.

드럼에 맞춰 싱코페이션 섹션을 타이트하게 연주했고, 코드톤과 패싱톤을 사용한 라인으로 락킹하게 연주했습니다.

Bass(릴리즈, 터치, 톤메이킹, 라인)

세계적으로 알려진 락큰롤 곡을 꼽아보면 비틀즈(Beatles)의 'Ob-La-Di, Ob-La-Da', 'I Want To Hold Your Hand', 엘비스 프레슬리(Elvis presley)의 'Don't Be Cruel', 'Hound Dog', 척 베리(Chuck Berry)의 'Johnny B. Goode'등을 이야기 할 수 있습니다. 이 곡들에서 베이스의 연주 스타일을 살펴보면 주로 코드를 구성하는 기본음들로 리드미컬한 패턴들을 반복적으로 연주하는 것을 볼 수 있습니다.

'주님같은 반석은 없도다'는 'Johnny B. Goode'에서의 연주패턴과 비슷하게 연주되었는데 일부러 그랬던 것은 아니었고, 책 작업을 시작하면서 그동안 연주했던 많은 락큰롤 곡들을 생각하며 이 곡을 연주했는데 작업을 마무리하던 중 자연스럽게 'Johnny B. Goode' 과 연주스타일이 아주 흡사하다는 사실을 알게 되었습니다. 락큰롤이란 장르를 연주하면서 이런 경험이 다른 분들도 많으실 것이고, 그렇다는 것은 락큰롤 음악에서의 베이스 연주스타일이 전형적이면서도 고유하다라는 설명이 될 것 같습니다.

릴리즈에 대한 얘기를 해 봅시다. 락큰롤을 연주할 때는 너무 짧지도 길지도 않은 릴리즈로 락 음악을 연주할 때와 비슷하게 접근하면 좋을 것 같습니다. 릴리즈가 짧을 때에는 높은 긴장감과 함께 리듬감이 더욱 살고, 릴리즈를 길게 가져가면 더욱 편안하고 안정된 사운드로 곡을 받쳐줄 수 있을 것입니다. 따라서 짧은 릴리즈를 적절히 사용하면서 긴장감과 리듬감을 만들어준다면 곡 전체를 생각해도 지루하지 않고 신나는 락큰롤 음악이 될 것입니다.

터치도 락 음악에서의 터치와 비슷한 접근을 하면 될 것 같습니다. 살짝 버징이 날 정도의 어택은 드럼의 킥과 어울리면서 힘 있는 사운드를 만들어 줄 것입니다. 그러나 터치의 세기가 지나치면 오히려 적당한 힘과 터치로 연주했을 때보다 볼륨도 작을뿐더러 톤도 얇아져서 사운드의 효율이 떨어질 것입니다.

이어서 톤메이킹에 대해서 얘기해 보겠습니다. 악기의 톤노브를 줄여가며 빈티지한 톤을 찾아보는 것도 다양한 접근 중에 하나의 방법이 될 수 있겠고, 프론트 픽업을 사용하는 비율을 올려가면서 곡의 컨셉에 맞는 톤을 만들어 보는 것도 아주 좋은 시도가 될 것입니다.

마지막으로 연주하는 라인은 1, 3, 5음 위주로 코드가 잘 들리는 단순한 패턴들이 많이 연주되고 6, 7음도 자주 사용하여 라인이나 패턴이 지루하지 않도록 해보는 것이 좋습니다. 코드가 바뀌어도 같은 패턴의 라인들을 연주해 주는 것이 또한 중요한 특징입니다.

락큰롤 음악을 연주하며 춤을 춥시다~~!

Lesson 3 락큰롤(Rock'n Roll)

싱어송라이터 리타 발로쉬(Rita Baloche)의 'Rock of Ages' 중 드럼 연주를 채보하였습니다.
앞의 본격 레슨을 떠올리며 주의 깊게 연주해보세요.

Lesson 3 락큰롤(Rock'n Roll)

싱어송라이터 리타 발로쉬(Rita Baloche)의 'Rock of Ages' 중 베이스 연주를 채보하였습니다.
앞의 본격 레슨과 Tip을 떠올리며 주의 깊게 연주해보세요.

디스코

. . .

마커스 워십의 김준영 작사, 임선호 작곡인 '주님의 사랑'을 통해 디스코를 파헤쳐 봅니다.
두 악기의 연주영상과 채보된 악보를 참고하여 본격레슨을 시작해보세요.

. . .

이 곡은 무엇보다도 디스코리듬이 잘 연주되어야 합니다. 곡의 중간에 소개되는 연습리듬들을 충분히 연습하여 맛있는 groove를 연주하도록 합니다.

디스코에서 베이스는 주로 루트를 4비트로 연주하거나 옥타브패턴으로 8비트나 16비트 패턴을 연주하는 것이 일반적입니다. '주님의 사랑'에서는 드럼의 업비트 위에서 4비트 기본 패턴과 8비트 싱코페이션 연주를 조합해서 연주했습니다.

D&B 본격 레슨

1 intro, interlude

 디스코 스타일에 집중하며 연주했습니다. 이때 가장 신경쓴 것은 하이햇의 업비트이고, 확실하게 액센트가 표현되도록 연주했습니다. 4비트 킥패턴이 무게감있게 나오도록 연주했습니다.

평범한 8비트 싱코페이션패턴으로 연주했고, 코드가 바뀌는 8분음 싱코페이션(당겨지는 음)이 너무 튀지 않도록 연주했습니다.

A
verse

베이스와 같은 패턴을 연주함으로써 깔끔하고 정리된 느낌을 주도록 했습니다. 이 때 하이햇은 인트로, 코러스패턴과 반대로 다운비트를 확실히 연주했습니다.

드럼의 킥패턴과 같은 패턴을 연주하며 전체적으로 타이트하고 깔끔하게 연주했습니다. 패턴이 없는 부분에는 멜로디가 있으므로 멜로디에 방해가 안되는 선에서 가벼운 라인들을 연주했습니다.

B

Pre chorus

하프타임의 느낌으로 연주했습니다. 리듬의
긴장감을 유지하기 위해서 16비트 느낌의 킥
패턴을 연주했고, 필인들도 좀 더 쪼개 보았습
니다. 코러스로 넘어가기 위한 섹션들을 느낌
을 살려 확실히 연주함으로써 자연스럽게 코
러스로 넘어가도록 했습니다.

드럼과 함께 하프타임의 느낌으로 연주했고,
16비트 패턴으로 킥 드럼에 타이트하게 맞추
어 연주하는 것에 초점을 두었습니다. 코러스
로 넘어가는 8분음 싱코페이션 섹션은 드럼과
함께 최대한 정확하게 연주했습니다.

C chorus

확실한 디스코 스타일을 위해 업비트에 하이
햇을 좀 더 오픈했습니다. 인트로와 인터루드
도 마찬가지이지만 이런 디스코 스타일을 연
주할 때 맛있는 고스트노트는 최고의 양념이
라 할 수 있습니다. 더하지도 덜하지도 않게
연주할 때 곡의 완성도를 높일 수 있습니다.

인트로처럼 8비트 싱코페이션 패턴을 연주했
고, 코드가 바뀌는 싱코페이션음이 드럼의 오
픈하이햇과 잘 맞아 떨어질 수 있도록 연주했
습니다. 전체적인 라인은 다음코드로 진행하
는 어프로치 노트들을 사용하여 신나게 드라
이빙하는 느낌이 나도록 연주했습니다.

verse와 같은 패턴으로 연주했고, 엔딩의 리타 르단도를 자연스럽게 연주했습니다.

verse와 같은 패턴이지만 멜로디가 없으므로 패턴이 연주되지 않는 구간은 자유롭게 라인 을 연주했습니다.

Drum

1. 이 곡은 전형적인 disco 리듬의 곡입니다. disco의 맛을 살려줄 몇가지 팁에 대해 이야기해보겠습니다.

⋯ 맛있게 hihat 연주하기

disco 리듬에서 하이햇 연주의 핵심은 약강을 얼마나 잘 표현하느냐입니다.
우리가 다뤄본 "주님의 사랑"에선 8beat로 연주했지만 16beat로 연주하는 경우도 많이
있으므로 여러 가지 연습방법에 대해 설명하겠습니다.

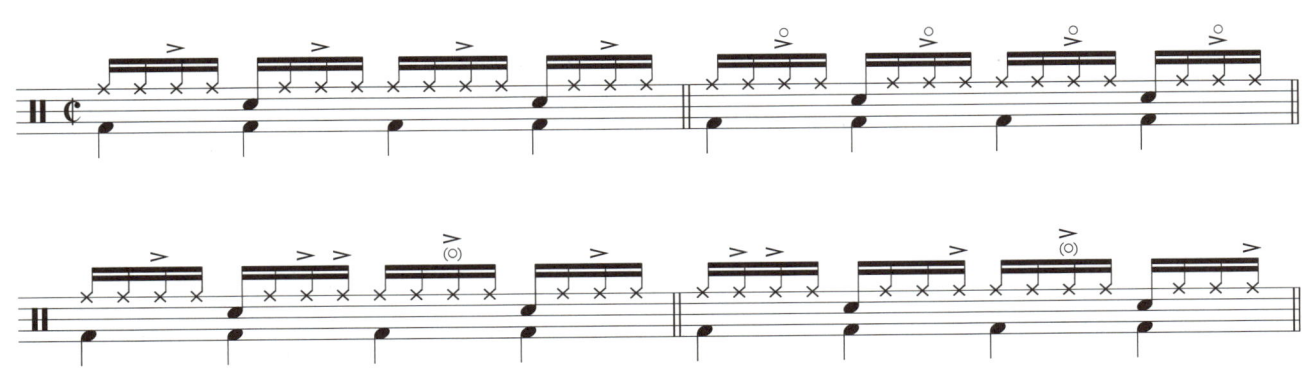

⋯ ride 연주

ride도 hihat과 마찬가지 방법이지만 ride bell을 쳐야하기 때문에 좀 더 정교한 연습이 필요하겠습니다.
또, hihat과 같이 쪼개며 연주하는 경우도 있기 때문에 같이 다뤄보도록 하겠습니다.
특히, 이때는 오른손의 활동범위가 크기 때문에 스네어 back beat가 일정하게 유지되기 위해선 많은 연습이 필요
합니다.
다음 악보를 참고하여 꾸준히 연습하기 바랍니다.

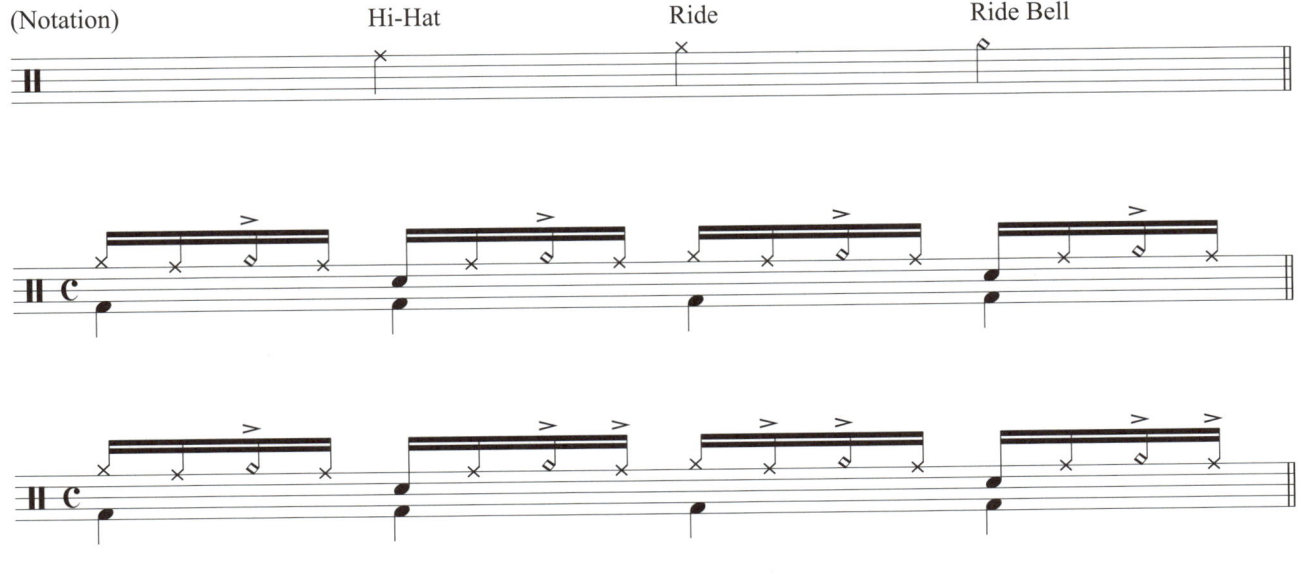

2. 이 곡을 연주할 때 한 가지 더 주의해야 할 것은 syncopation입니다. 연주하는 사람에 따라서 바로바로 되는 사람
   도 있겠지만 syncopation의 해결이 어려운 사람들도 있을것입니다. 사실 이 문제를 빨리 해결하는 방법은 없는 것
   같습니다. 느린템포부터 반복적으로 꾸준히 연습하는 것이 중요하겠습니다. 그리고 평소에 이런 음악들을 계속
   들으며 몸이 적응할수 있도록 하는 것이 중요하겠습니다.

   또, syncopation을 잘 연주하기 위해서는 fill-in의 해결이 중요하다고 생각됩니다.
   여기 소개되는 몇가지 악보를 가지고 "주님의 사랑"을 참고하며 연습해보기 바랍니다.

Bass(릴리즈, 터치, 톤메이킹, 라인)

디스코 베이스 tip을 이야기 하기 전에 대표적인 디스코 곡들을 통해 베이스 스타일을 살펴 보고 싶습니다. KC and the Sunshine Band의 'Shake Your Booty', Village People의 'YMCA', Donna Summer의 'Hot Stuff' 은 곡이 시작되는 순간 바로 "아~ 이 노래" 라고 이야기하게 되는 세계적으로 유명한 곡들입니다. 이 세 곡에서의 베이스 연주 스타일은 각각 다른 형태로 나타납니다.

'Shake Your Booty'에서 베이스는 16비트 패턴으로 심플하게 펑크뮤직을 연주하듯 첫째, 셋째 박에 강세를 주며 힘 있게 연주합니다.

'YMCA'에서 베이스는 verse에선 4비트, chorus에선 16비트 옥타브 패턴으로 연주하며 곡을 신나고 다이나믹하게 이끌어 갑니다. (악보는 16비트 옥타브 패턴만)

'Hot Stuff'에서 베이스는 충실하게 8비트 옥타브 패턴을 스타카토로 짧게 연주하며 곡 전체를 신나게 끌고 갑니다.

3곡의 베이스 패턴을 살펴봄으로써 다양한 디스코 베이스 스타일을 이해할 수 있었습니다.

터치 부분에서는 힘있는 드럼의 비트와 조화를 이루어야 하기 때문에 발라드에서 보다는 강하고 락음악에서 보다는 약한 터치로 연주하는 것이 좋을 것입니다. 스타카토 주법을 연주할 때나 다른 연주자들과 섹션으로 연주하는 부분에선 터치가 특히 강해지지 않도록 주의하는 것이 좋을 것 같습니다.

톤은 미드대역이 조금 부스트된 단단한 사운드로 연주해준다면 좋을 듯 합니다만 다양한 스타일의 디스코 곡들이 있으니 참고하여 다양한 톤메이킹을 시도하며 음악의 색채를 살릴 수 있도록 노력해보면 좋겠습니다.

전통적으로 사용하는 라인의 스타일은 루트음으로 옥타브를 연주하고 어프로치노트(근접음)나 다음코드로 자연스럽게 연결되기 위한 패싱노트(경과음)를 많이 사용한다고 이야기 할 수 있을 것입니다.

순대(8비트 옥타브 패턴), 김대리(16비트 옥타브 패턴)라고 불리우는 베이스기타 특유의 주법을 연습하여 신나는 디스코의 세계로!!

Lesson 4 디스코(Disco)

김준영 작사, 임선호 작곡인 '주님의 사랑' 중 드럼 연주를 채보하였습니다.
앞의 본격 레슨과 Tip을 떠올리며 주의 깊게 연주해보세요.

Lesson 4 디스코(Disco)

김준영 작사, 임선호 작곡인 '주님의 사랑' 중 베이스 연주를 채보하였습니다.
앞의 본격 레슨과 Tip을 떠올리며 주의 깊게 연주해보세요.

12/8

· · ·

도냐 브록웨이(Donya Brockway)의 'I Will Sing Unto the Lord'를 통해 12/8을 파헤쳐 봅니다.
한국에서는 '내 평생 사는 동안'이라는 번역곡으로 더 유명합니다.
두 악기의 연주영상과 채보된 악보를 참고하여 본격레슨을 시작해보세요.

· · ·

전통적으로 많이 연주되는 6박자 곡입니다. 평소에 많이 연주하지 않는 리듬이기 때문에 익숙해지도록 반복적으로 연습하고, 여러 다양한 fill-in도 연습합니다.

3박자 계열의 베이스 연주 스타일을 살펴볼 수 있는 곡이고, 처음부터 끝까지 단조롭게 연주되어지기 쉬운 곡이지만 전개하면서 다이나믹을 살리기 위한 여러가지 노력을 하며 연주해 봅시다. 1절과 2절에서 릴리즈를 다르게 연주해보고, 2절 chorus 부터는 다양한 라인을 사용하고 드럼 킥과 함께 비트를 쪼개어 힘을 더하여 연주하도록 합니다.

D&B 본격 레슨

1 intro

튀는 리듬보다는 분위기에 맞게 잘 흘러가도록 연주했습니다. 다만 verse로 넘어가기 전에 알맞은 필인을 연주합니다.

도입부이므로 루트를 중심으로 너무 많은 라인을 연주하지 않도록 연주했습니다.

2 verse

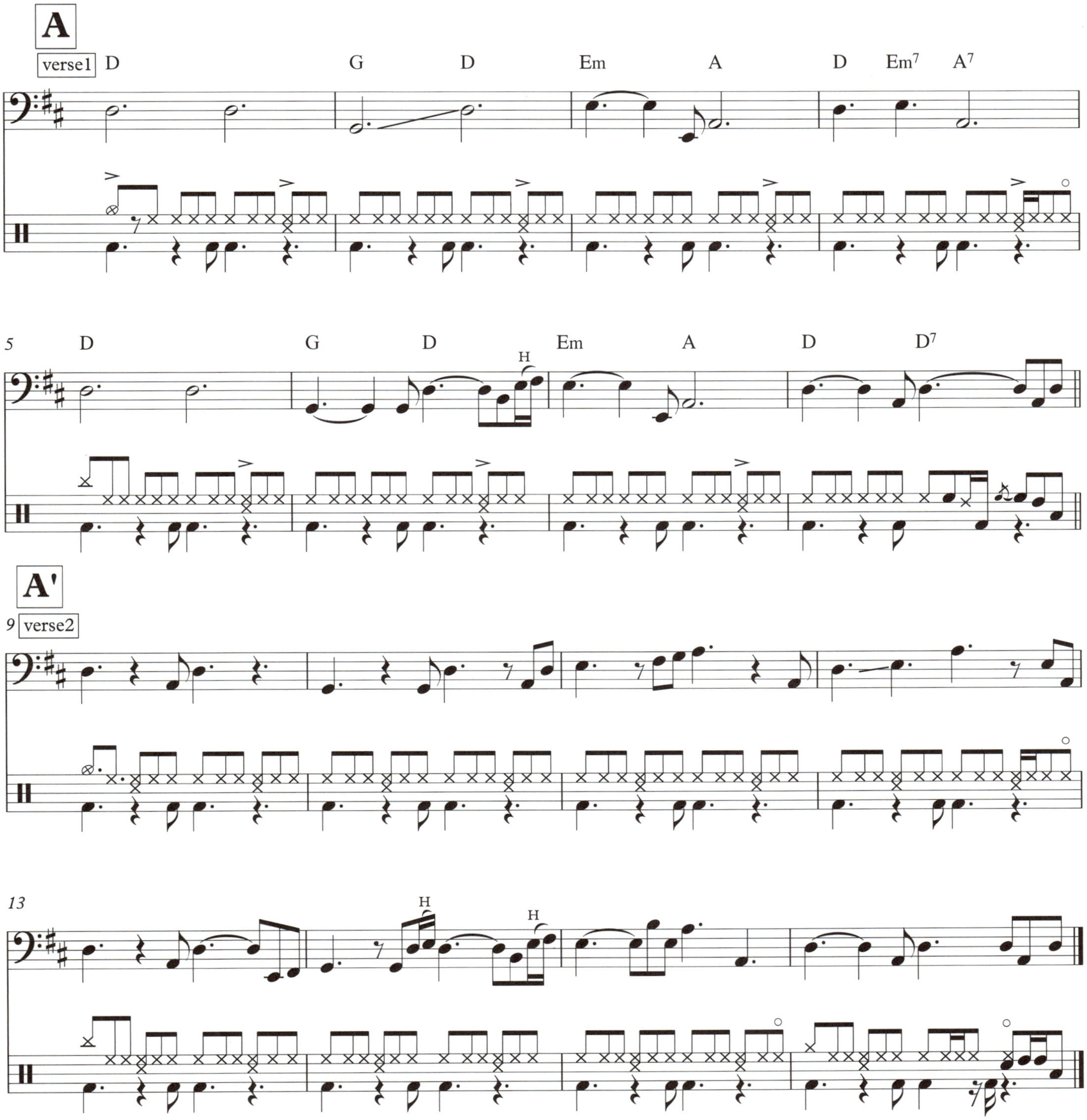

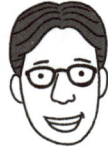

시작하는 부분이므로 4에만 림샷을 연주했습니다. 전체적인 그루브는 12/8이지만 4/4의 느낌으로 펄스를 크게 가져갑니다. 하이햇은 좀 작게 연주하고 필요한 바리에이션만 사용했습니다.

킥 드럼의 타이밍에 맞추고 각 노트의 음길이를 규칙성 있게 유지하는데 초점을 두고 연주했습니다.

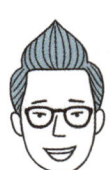

 1절 코러스의 킥 패턴은 verse와 동일하게 연주했습니다. 다만 하이햇은 좀 더 공격적인 바리에이션을 통해 다이나믹을 높였습니다(영상 참고). 필인은 3연음을 다양한 방법으로 쪼개어 보았습니다(악보 및 영상참고).

 1절 코러스에서는 verse와 같은 리듬패턴을 사용하여 전체적으로 비슷하게 연주했고 스케일톤을 사용한 편안한 라인들을 조금 넣어서 연주를 전개했습니다.

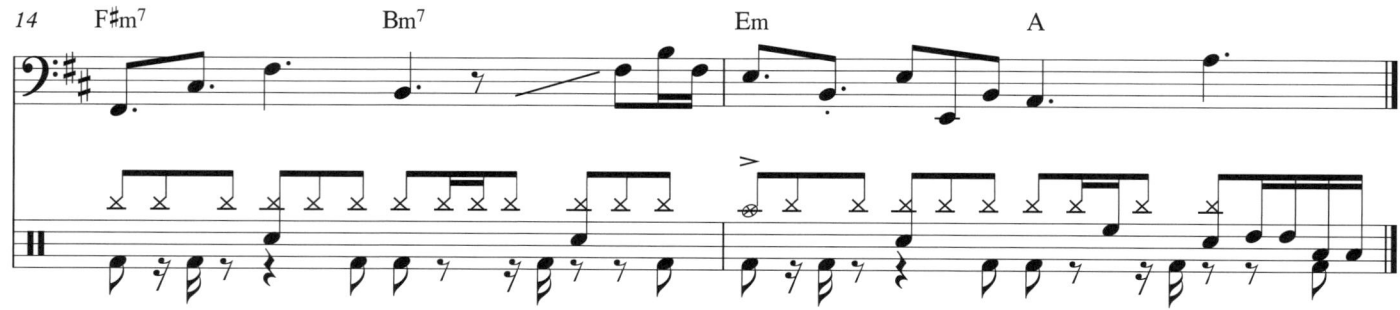

2절 코러스의 킥 패턴은 베이스와 좀 더 쫀쫀하게 잘 붙게 연주함으로써 펑키한 느낌을 내 보았습니다.

2절 코러스에서는 드럼의 Dotted quarter note feel에 타이트하게 맞춰서 연주했고 중간중간에는 halftime feel로 쪼개진 다이나믹하고 멜로디컬한 필인을 연주했습니다.

2절 코러스의 Dotted quarter note feel을 살려서 드럼, 베이스가 함께 다이나믹
하게 연주했습니다. 4번째 마디에선 rit.를 하며 곡을 자연스럽게 마무리 했습니다.

 Drum

⋯▸ dotted quarter note ??

dotted quarter note 번역하면 점4분음표인 것은 잘 아실겁니다. dotted quarter note feel 이 많이 사용되는 리듬은 3박자계열입니다. 위에서 다룬 "내 평생 사는동안" 같은 곡이 되겠죠. 왜냐하면 dotted quarter note의 특성상 3박자 단위로 맞아떨어지기 때문입니다.

따라서 "내평생 사는동안" 같은 12/8박자 곡이나 9/8박자, 6/8박자 곡들에서 쓰이면 잘 어울릴 수 있을것입니다. 위 곡에서도 2절 chours의 반복부분에서부터 베이스 드럼이 dotted quarter note를 연주함으로써 어쩌면 부드럽게만 흘러갈수 있는 곡의 흐름에 타이트하면서도 긴장감을 줄수 있고, 좀 더 업되는 분위기를 연출할 수도 있게 됩니다. 그 부분을 악보와 함께 다시한번 살펴보고 연주해봅시다. 또 다른 스타일의 3박자 계열 곡에서도 사용해볼수 있기를 추천합니다.

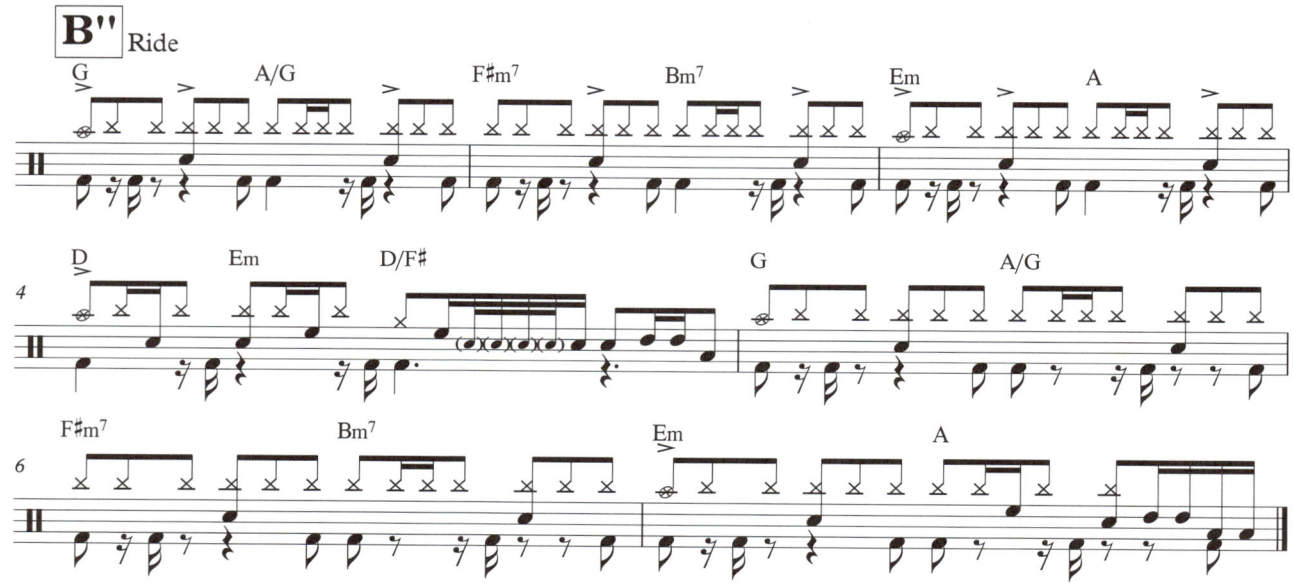

참고로 dotted quarter note feel은 3/4 swing에서 왔다고 할 수 있으므로 간단한 3/4 swing 리듬의 dotted quarter note feel 연주의 예제악보를 싣습니다. 참고하시기 바랍니다.

아주 간단한 내용이지만 여러 가지로 modern 하게 사용할 수 있는 유용한 Rhythm입니다.

Bass(릴리즈, 터치, 톤메이킹, 라인)

대표적인 12/8 곡으로 이문세의 '빗속에서'를 꼽을 수 있겠습니다. 그리고 이 곡은 워낙 유명하고 인기있는 곡이라 다른 가수들의 편곡 버전 및 여러 경연프로들의 편곡 버전들이 존재합니다. 다양한 버전들의 '빗속에서'를 들어보며 다른 스타일의 베이스 연주를 듣는 재미도 클 거라 생각합니다.

릴리즈는 1절과 2절 나누어서 1절은 길게, 2절은 짧게 연주하여 차이를 두고 리듬감이 살아나도록 구성했습니다. 12/8 발라드 곡이라면 릴리즈를 길게 유지하며 전체를 이끌어 가는게 좋고, 미디엄 템포 이상의 곡이라면 짧은 릴리즈로 연주하는 것이 전체적인 그림상 좋을 것 같습니다. 계속 이야기 하지만 정답은 없습니다!!

터치는 일반적으로 한 곡이 연주될 때처럼 안배를 하면 될 것 같습니다. 1절, 2절 코러스 부분처럼 드럼의 어택이 강해지면 베이스의 터치도 함께 올라와야 묻히지 않고 곡을 끌고 갈 수 있을 것입니다.

톤메이킹은 발라드에서의 톤처럼 따뜻한 톤(베이스와 트레블을 조금 부스팅하고 미드는 조금 컷하는 사운드)으로 연주해 준다면 좋을 것 같습니다. Tower of Power의 'Mama Lied'같은 미디엄 템포의 힘있는 곡을 만들고 싶다면 미드대역이 단단한 베이스 톤을 만들어 주면 될 것입니다.

마지막으로 라인은 발라드에서 쓰던 라인들을 연주하면 될 것 같습니다. 3박 스타일의 흐름을 고려하여 각 마디의 코드톤을 사용하여 연주해 보기도 하고, 다음 코드로 이어지게 하는 패싱노트들도 깔끔하게 연주한다면 진부하지 않고 짜임새 있는 베이스 연주라고 이야기 할 수 있을 것입니다.

Lesson 5 12/8

도냐 브록웨이(Donya Brockway)의 'I Will Sing Unto the Lord' 중 드럼 연주를 채보하였습니다.
앞의 본격 레슨과 Tip을 떠올리며 주의 깊게 연주해보세요.

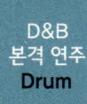

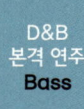

Lesson 5 12/8

도냐 브록웨이(Donya Brockway)의 'I Will Sing Unto the Lord' 중 베이스 연주를 채보하였습니다.
앞의 본격 레슨과 Tip을 떠올리며 주의 깊게 연주해보세요.

바운스

. . .

스티브 맥이완(Steve mcewan)의 'Great is the Lord'를 통해 바운스를 파헤쳐 봅니다.
한국에서는 '주 여호와는 광대하시도다'라는 번역곡으로 더 유명합니다.
두 악기의 연주영상과 채보된 악보를 참고하여 본격레슨을 시작해보세요.

. . .

하이햇은 바운스의 느낌을 내기 위해서 일정한 4비트를 기본으로 연주합니다. 느낌은 너무 가볍지 않게 그러나 지저분하지도 않게 일정한 볼륨을 유지하며 가끔 바리에이션을 합니다. 이 때 가장 주의할 점은 바운스의 간격이 일정해야한다는 것입니다.
스네어 드럼은 위의 개념정리에서 설명한 것처럼 기본적으로 16th 노트 바운스의 고스트노트가 일정하게 유지되어야 합니다. 그 위에 시원시원한 2,4에 백비트를 연주해주세요. 베이스 드럼은 이미 하이햇과 스네어가 바운스를 잘 쪼개주고 있기 때문에 톱니바퀴처럼 그 위에 정확히 연주해주면 됩니다.
주의할 점은 과도한 트리플렛의 남발은 바운스가 아닌 셔플느낌이 날 수도 있고 지저분해질 수 있기 때문에 적재적소에 효과적으로 사용합니다.

기본적으로 언급했듯이 드럼과 바운스 리듬을 공유하며 연주하는 것이 가장 중요한 점이라고 강조하겠습니다. verse와 chorus를 구분해가며 노트의 길이(release)를 조절하면 곡 전체의 흐름을 자유롭게 이끌고 갈 수 있을 것입니다. 멜로디와 진행을 고려하며 다채로운 라인들을 사용해도 되지만 곡안에 흐르고 있는 바운스를 잃어버리지 않는 것이 가장 중요합니다.

||| 바운스란? |||

사실 바운스라는 말은 리듬이기보다 느낌의 문제일것입니다.
따라서 바운스라는 feel을 아는 것이 중요한데, 이 feel을 아는데 있어서 빼놓을 수 없는 것이
New orleans style입니다.
그래서 잠깐 짚어보도록 하겠습니다.

||| New orleans style |||

Louisiana주의 New orleans는 매우 독특한 역사를 가지고 있습니다.
46년동안은 프랑스의 지배하에 있었고, 1764년부터 36년동안 스페인에 양도되었습니다.
1800년에 다시 프랑스령이 되었습니다. 그리고 1803년 나폴레옹은 다시 미국에 팔게 됩니다. 이때, 노예들이 가장 많았습니다.
그리고, 이 아프리카 노예들의 유입으로 프랑스, 스페인 그리고, 본토 아메리카 인디언들의 혼합을 가져오게 됩니다.

초기 노예들은 slave song과 성가를 가지고 노래를 만들었습니다.
clapping(손벽치기), stomping(빠르고 격렬한 리듬의 재즈음악), beating 의 리듬위에서 그들의 노래를 불렀습니다.
그들은 소유주들이 그들끼리의 비밀스런 의사소통이라고 생각했기 때문에 그들의 전통적 북을 연주할 수 없었습니다. 단지 정해진 장소와 날짜에만 연주할 수 있었죠.

남북전쟁 말경 노예들은 전쟁때 사용했던 잔여물로 그들의 악기를 만들 수 있었습니다.
이때 대부분의 프랑스 정착민들에게 중요했던 군악대는 흑인 노예들에게 큰 영향을 주었고, 그들에게 프랑스 풍습과 native songs의 연주법을 알려주었습니다.
이렇게 서아프리카 음악과 유럽의 음악은 그즈음 뉴올리언스에 매우 자연스럽게 녹아들었습니다. (melting pot)

그들의 새로운 악기의 사용과 마칭밴드 스타일은 장례식까지 가는 장례행렬에 사용되었습니다.
1800년 말기와 1900년 초기의 변혁기에 흑인사회는 상부상조하는 문화였습니다. (social aid)
자기 공동체의 멤버가 상을 당했을 때, 첫 번째 그룹은 가족들이 두 번째 그룹은
친구들과 이웃, 그리고 밴드들이 행렬을 이어갔습니다.
장례행렬은 매우 슬펐고, 'Dirge'라 불리는 슬픈 음악이 연주되었습니다.
이들은 더 좋은 곳으로 간다는 믿음이 있었기 때문에 장례식후 보다 흥겹고 빠른 음악을 연주하며 행진했는데, 이 때 앞에서 얘기했듯이 첫 번째 줄은 가족들이 두 번째 줄은 친구와 이웃, 그리고 밴드들이 이동했다. 그래서 이들 second group을 'Second line' 이라 부르게 되었습니다. 여기서 소위말하는 Second line feel 이라는 용어가 등장합니다.

이 때 연주되었던 대표적 노래가 "when the saints go marchin' in"입니다.

바운스라는 feel은 이런 배경을 가지고 있기 때문에
이때의 음악들을 들어보는 것이 흑인음악의 Bounce를 이해하는데 큰 도움이 될 것입니다.

꼭 들어봐야할 곡들

- fats domingo–i'm walkin' (전설적 뉴올리언스 드러머 earl palmer)
- Professor longhair–big chief, jambalaya, junco partner
- The Meters
- Iko Iko
- Hey Pocky Way
- Hey bo diddley

D&B 본격 레슨

1 intro, Outro

 무엇보다 Bounce groove에 신경을 쓰면서 연주합니다. 하이햇은 강약을 주어서 차분한 느낌이 들도록 연주합니다. outro에서는 차별화를 주기 위해 ride를 연주했고, intro와 같은 느낌을 주기 위해 bell을 연주합니다.

드럼이 제시하는 Bounce groove에 리듬을 맞추어 연주하도록 합니다. 주로 각 코드의 1, 5음을 사용하여 타이트하게 연주했습니다.

2 verse

A
verse
E
A/E
E
A/E
5
C♯m7
A
F♯m7
B7
A'
9
E
A/E
E
A/E
13
C♯m7
A
F♯m7
A/B
B
A/B
B7
6

verse의 느낌을 살리기 위해 cross stick으로 연주합니다. bass drum은 double kick을 연주할 때 bounce groove가 흐트러지지 않게 주의합니다.

멜로디가 시작되는 부분이므로 멜로디가 잘 들릴 수 있도록 연주합니다. 그리고 페달톤을 연주하는 부분이 많으므로 화성악기들을 예상하고 근음을 잘 지켜 연주하고 라인을 연주할 땐 코드를 잘 보고 연주합니다. 또한 가끔 사용되는 뮤트주법[8]으로 Bounce groove를 극대화 시킵니다.

8 뮤트주법: '연주하는 손' 또는 '줄을 누르는 손'으로 현의 울림을 적게 하고 연주하는 주법

B chorus

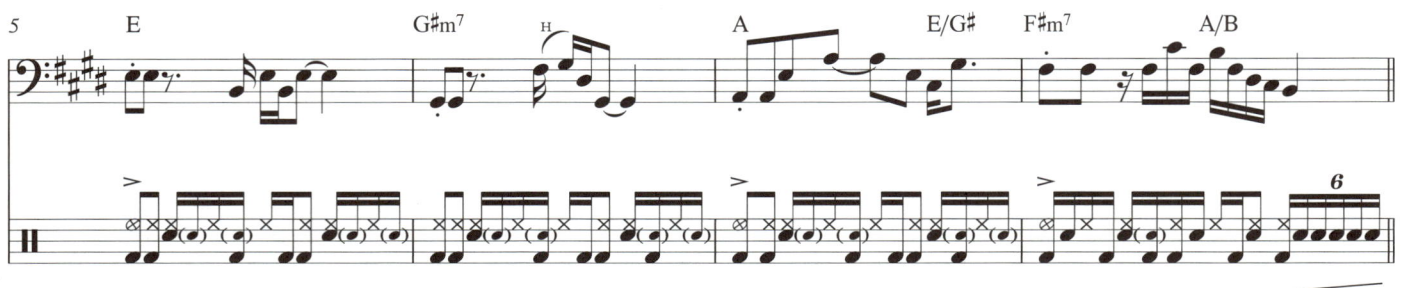

B'

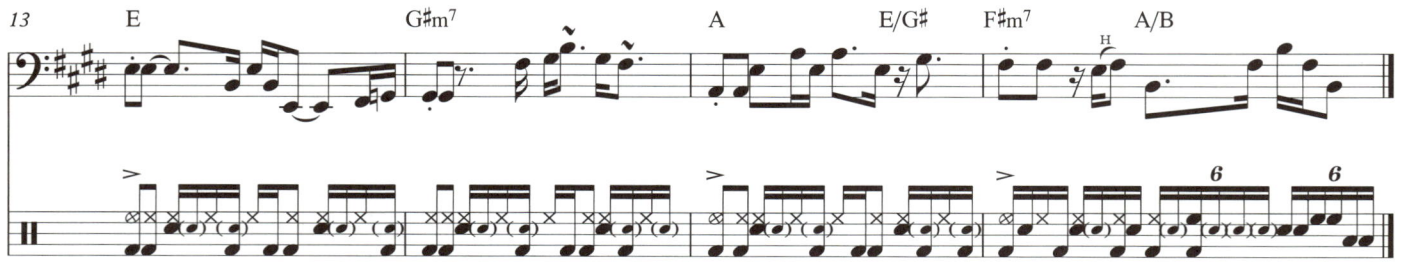

groove에 신경쓰면서 시원시원하게 연주합니다. ghost note를 bounce feel에 맞게 잘 사용하면 훨씬 더 풍성한 사운드를 얻을 수 있습니다. fill in은 triplets note를 사용하면 잘 어울릴 것 같습니다. 이때, 8th note의 fill in도 충분히 가능하고 심플하고 정갈한 연주가 될 것 같습니다.

Bounce groove를 잃지 않으면서 전체적으로 움직임이 있게 연주합니다. 반복되는 코드 진행이 많으므로 옥타브나 펜타토닉 스케일 등을 이용하여 곡을 생동감있게 만들 수 있는 라인을 연주하도록 합니다. 또한 뮤트주법이나 쉐이크⁹, 플럭¹⁰등을 사용하여 펑키하게 연주합니다.

9 쉐이크: 줄을 누르는 손을 좌우로 흔들어서 소리를 내는 주법
10 플럭(Pluck): 연주하는 손의 검지나 중지 등으로 줄을 뜯는 주법

Bass(릴리즈, 터치, 톤메이킹, 라인)

바운스는 연주하는 사람마다 표현되는 정도가 모두 다를 것입니다. 4/4 곡에선 한 마디안에 8분음표가 8개 들어갑니다. 스트레이트 곡에선 8개의 8분음표가 모두 똑같은 길이로 연주되지만 바운스 음악에선 그 깊이에 따라 무한 가지의 경우의 수가 나오게 됩니다. 마치 수학에서의 미분을 연상하시면 될 것 같습니다. 8개의 음표중에서 1번과 2번, 3번과 4번, 5번과 6번, 7번과 8번을 놓고 봤을 때 짝수 번째 음표들의 길이가 짧아질수록(홀수 번째 음표들은 더 길어지겠죠?) "바운스가 더 깊어진다"라고 표현하기도 합니다. 두 다리를 가지고 바르게 걷다가 한쪽 다리를 접질러서 절뚝절뚝하는 것으로 예를 들어 스트레이트 리듬과 바운스 리듬의 차이를 설명할 수 있을 것 같습니다.

: 바운스의 깊이 :

바운스 곡을 연주하면서도 역시 릴리즈 부분에서 정답은 없다고 이야기 할 수 있을 것입니다. 저는 나얼의 '주 여호와는 광대하시도다'에서의 베이스 연주보다 릴리즈를 훨씬 짧게 가져가며 바운스 리듬을 표현하고 타이트하게 곡을 이끌어 가기 위해 노력했습니다. 여러분도 릴리즈에 차이를 두고 연습해보고 본인이 표현하고자 하는 곡의 느낌을 잘 살리기 위해 적절한 선택을 해보세요! 가지고 계신 핸드폰이나 녹음 가능한 장비로 녹음을 해서 비교하며 들어보는 것을 적극 추천합니다!!!

펑키하고 타이트한 스타일로 드럼과의 호흡을 표현하고자 했던 상황이라 어택을 빠르게 하고 보통정도의 터치를 사용하여 연주해 보았습니다. 터치가 너무 강하면 타이밍이 맞아도 드럼의 킥과 어긋나게 들리게 되기 때문에 너무 강해지지 않게 조절하는 것이 바운스 리듬을 잘 살리기에 더 효과적일 것 같습니다.

톤메이킹도 펑크음악을 할 때처럼 미드대역이 부스트된다거나 락음악을 할 때 처럼 미드대역을 컷하는 그런 이큐잉보다 플랫(Flat)한 사운드를 추천드리고 싶습니다. 역시 터치에서처럼 미드대역이 부스트되면 드럼의 킥과 타이밍이 맞아도 어긋나는 것처럼 들리게 되고 락음악을 할 때의 톤처럼 미드대역이 컷되어 있으면 존재감이 떨어져서 타이트하게 바운스 그루브를 표현하기 어려워 질 것이라 생각합니다. 하지만 계속 강조하는 것처럼 톤은 연주하는 장소나 목적을 반영하여 상황에 맞게 적용하여야 한다고 생각하는 바입니다!

곡의 조성을 파악하고 도레미파솔라시도를 사용하여 센스 있는 라인을 만들어 보세요!

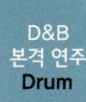

Lesson 6 바운스(Bounce)

스티브 맥이완(Steve mcewan)의 'Great is the Lord' 중 드럼 연주를 채보하였습니다.
앞의 본격 레슨을 떠올리며 주의 깊게 연주해보세요.

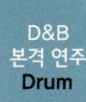

Lesson 6 바운스(Bounce)

스티브 맥이완(Steve mcewan)의 'Great is the Lord' 중 베이스 연주를 채보하였습니다.
앞의 본격 레슨과 Tip을 떠올리며 주의 깊게 연주해보세요.

보사노바

. . .

마티 니스트롬(Marty Nystrom)의 'Shepherd Of My Soul'을 통해 보사노바를 파헤쳐 봅니다.
한국에서는 '선하신 목자'라는 번역곡으로 더 유명합니다.
두 악기의 연주영상과 채보된 악보를 참고하여 본격레슨을 시작해보세요.

. . .

삼바에서 파생된 리듬이지만 삼바의 강한 비트보다는 멜로디 중심의 부드러운 리듬입니다. 리듬의 특성상 곡의 전체적인 다이나믹을 주기보다 스틱의 교체를 통해 여러가지 장면 전환을 해줍니다. 분위기의 변화가 키포인트입니다.

보사노바에서 베이스는 1, 5, 8음을 주로 사용하여 드럼과 함께 일정한 패턴을 연주하게 됩니다. 삼바 베이스 패턴을 하프타임으로 연주하면 보사노바 베이스 패턴이 됩니다. 일정한 패턴이 반복되는 곡이라 인트로와 아웃트로에선 더블스톱 주법으로 코드 연주를 하도록 편곡해 보았습니다.

D&B 본격 레슨

1 intro, interlude, outro

outro

인트로에서는 스틱을 이용해서 연주합니다.
베이스드럼은 삼바을 연주합니다. HEEL UP
을 사용하지만 최대한 릴렉스하게 연주합니
다. 왼손 컴핑은 멜로디나 리듬에 따라 연주해
야 하기 때문에 여기서는 가장 평범하게 연주
했습니다.

더블스톱주법으로 1-2-5 코드패턴을 보사노
바 리듬패턴으로 연주합니다(악보참고). 싱코
페이션 연주가 너무 강하거나 도드라지지 않
게 신경써서 연주합니다.

A
verse

왼손은 인트로와 같은 림샷으로 연주하고 오른손은 브러쉬로 교체합니다. 스틱에서 브러쉬로 교체할 때는 급하게 생각하지 말고 여유있게 바꾸도록 합니다. 왜냐하면 베이스 드럼과 하이햇과 왼손이 삼바를 연주하고 있기 때문입니다(영상참고).

각 코드의 1, 5음으로 릴리즈를 고려하여 연주합니다(영상참고). 드럼의 삼바 킥 패턴을 따라 함께 연주하고 사이마다 드럼 그루브에 방해되지 않게 라인을 연주합니다.

B
chorus

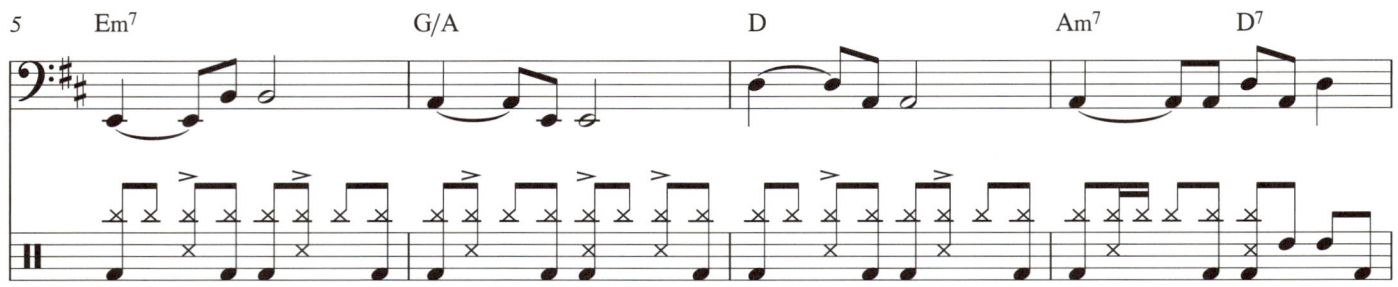

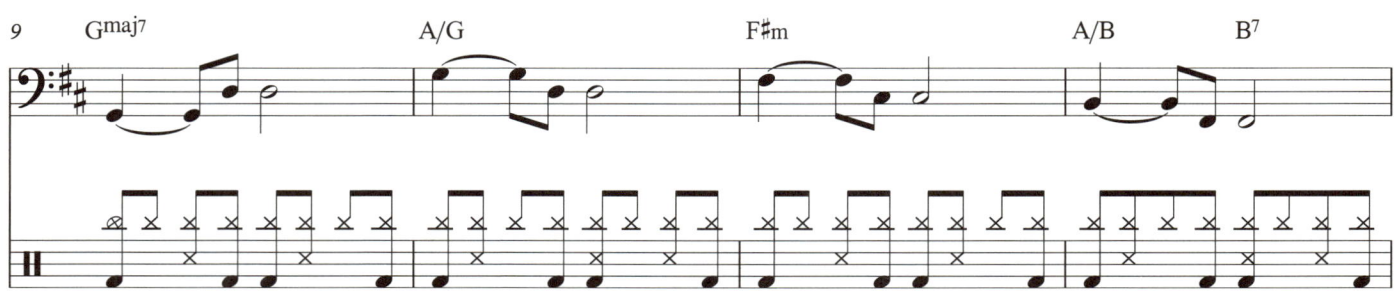

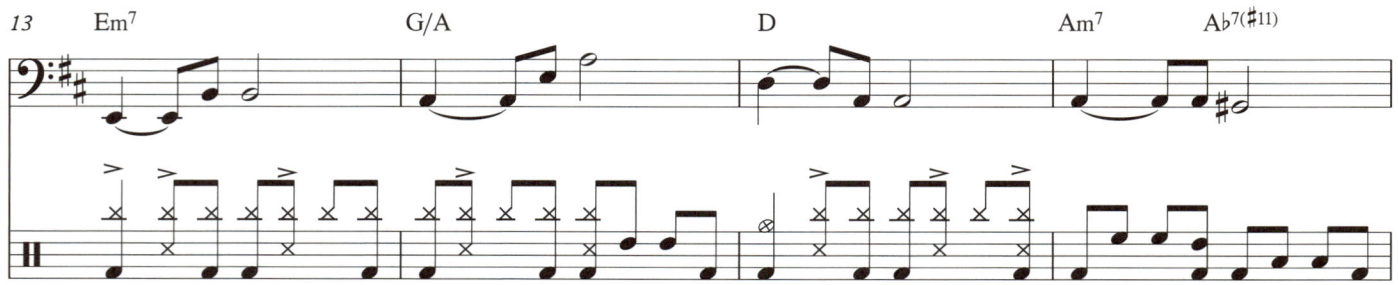

다시 스틱으로 연주합니다. 전체적인 그루브에 방해되지 않는 범위에서 좀 더 자유롭게 연주합니다. 반복될 때는 림샷에서 스네어로 연주합니다. 이 때 너무 강하지 않게 분위기만 바꿔줍니다

전체적으로 verse보다는 조금 더 적극적인 터치를 사용하여 연주합니다. 드럼의 그루브와 필인과 조화를 이루는 가운데 코드의 1,5음을 위주로 자유롭게 베이스라인을 연주합니다.

 # Drum

···▸ **bossa-nova rhythm의 왼손 comping 연습은 어떻게~~??**

bossa-nova를 연주할 때 가장 신경쓰이는 부분이 왼손 comping일 것입니다.
여기 효율적인 연습방법에 대해 엑기스만 간단히 소개하도록 하겠습니다.

「왼손 Comping 연습」

먼저, 오른손과 오른발은 Bossa-nova를 연주합니다.

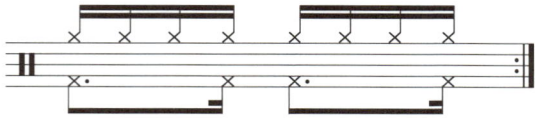

첫 번째, 위의 Comping들을 각각 연습합니다.

① Snare Rim   ② Snare   ③ Toms

두 번째, 두 항목씩 섞어서 연습합니다.

 ① + ④

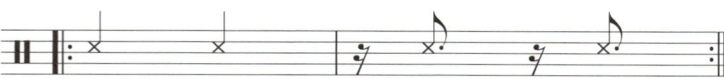

세 번째, 각 항목에서 하나씩 섞어서 연습합니다.

ex ①+④+⑦+⑩

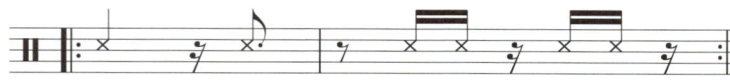

마지막으로 Random으로 자유롭게 연주합니다.

 # Bass(릴리즈, 터치, 톤메이킹, 라인)

곡 전체가 지적이고 차분한 음악인 보사노바는 흑인들의 삼바리듬이 백인적인 해석을 통해 탄생한 음악장르라고 알려져 있습니다. 크게 브라질리언과 큐반으로 나누어지는 라틴재즈중에서 브라질리언에 속해 있는 보사노바는 이미 대중들에게 많이 들려지고 연주되어지고 있습니다.

먼저 연주되는 기본 리듬패턴을 삼바와 비교하여 살펴보겠습니다.

: 삼바 베이스 패턴 :

: 보사노바 베이스 패턴 :

위의 악보를 보고 알 수 있듯이 삼바 베이스 패턴을 두배로 늘여서 연주하면 보사노바 베이스 패턴이 되는 것을 볼 수 있습니다. 그래서인지 보사노바 곡을 연주하다가 자연스럽게 2배 빠른 삼바로 넘어가는 편곡이 많은 것 같습니다.

우리는 또 릴리즈에 대해 함께 생각해봅시다. 잘 알려진 보사노바 곡인 'Wave', 'Girl From Ipanema', 'Desafinado' 등 원곡을 들어보면 대부분 콘트라 베이스로 연주가 되었습니다. 콘트라 베이스라는 악기의 특성상 일렉트릭 베이스보다는 릴리즈를 길게 표현하기 어렵습니다. 그래서 보사노바 곡들을 들어보면 릴리즈가 짧다고 정의 해버릴 수 있을 것 같습니다. 하지만 김현철의 '춘천가는 기차', 장필순의 '어느새' 등을 들어보면 일렉트릭 베이스로 연주되어서 충분하게 릴리즈를 길게 가져가며 연주했다는 것을 알 수 있을 것입니다.

다음으로 터치는 어택이 강하지 않아야 할 것입니다. 보사노바는 전반적인 분위기가 차분하므로 흘러가듯이 그리고 존재감이 너무 도드라지지 않게 베이스 패턴이 연주되고 들려져야 할 것입니다. 드럼의 킥패턴과 함께 어우러져 음악을 차분하고 안정감 있게 이끌어 갈 수 있도록 터치에 신경쓰며 연주 해봅시다!

톤은 발라드에서처럼 따뜻하게 감싸주며 음악의 밑둥을 든든하게 받쳐줄 수 있도록 메이킹해야 할 것입니다. 저는 보사노바를 연주할 때 이큐에서 베이스와 트레블을 조금 부스팅하고 미드대역을 조금 컷 해줍니다. 물론 위에서 계속 이야기했던 것처럼 본인의 악기 특성과 연주하는 장소(환경)를 고려하여 본인만의 톤메이킹 노하우가 있어야 할 것입니다. 또한 액티브 베이스처럼 이큐를 내장하고 있는 악기를 사용할 때 악기의 이큐와 베이스 앰프의 이큐가 과도하게 중복되지 않도록 해야 할 것입니다. 이 부분에서 대부분의 연주자들이 실수하여 베이스가 밴드 사운드 전체를 잡아먹는 불상사를 초래하게 됩니다. 주의합시다!!!

마지막으로 라인은 "조성에 맞는 스케일과 각 마디의 코드톤을 사용하여 멜로디컬하게 연주하자!" 라고 이야기 하고 싶습니다.

이제는 팝음악의 일부분으로까지 인식될 정도로 우리와 친숙한 보사노바를 따뜻하고 아름답게 연주할 수 있겠죠? 파이팅!

Lesson 7 보사노바(Bossa Nova)

마티 니스트롬(Marty Nystrom)의 'Shepherd Of My Soul' 중 드럼 연주를 채보하였습니다.
앞의 본격 레슨과 Tip을 떠올리며 주의 깊게 연주해보세요.

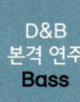

Lesson 7 보사노바(Bossa Nova)

마티 니스트롬(Marty Nystrom)의 'Shepherd Of My Soul' 중 베이스 연주를 채보하였습니다.
앞의 본격 레슨과 Tip을 떠올리며 주의 깊게 연주해보세요.

라틴스타일

. . .

워십리더 타미 워커(Tommy Walker)의 'Mourning Into Dancing'을 통해 라틴스타일을 파헤쳐 봅니다.
한국에서는 '나의 슬픔을'이라는 번역곡으로 더 유명합니다.
두 악기의 연주영상과 채보된 악보를 참고하여 본격레슨을 시작해보세요.

. . .

이 곡은 라틴스타일(samba baiao)이긴 하지만 굳이 말하자면 팝적인 해석이 가미된 삼바스타일의 곡이라고 할 수 있겠습니다. 따라서 전체적인 곡의 그루브는 너무 딱딱하지 않게 samba baiao의 느낌을 살려 둥글둥글하게 연주하도록 합니다.

라틴리듬이지만 팝적인 요소들이 많이 들어 있는 곡이라 전반적으로 라틴베이스 연주 스타일에 갇혀 있기 보다 자유롭게 연주할 수 있었습니다. 곡 전체를 드럼과의 앙상블에 초점을 맞추어 연주하면 좋겠습니다.

D&B 본격 레슨

1 intro, interlude

인트로 테마 멜로디와 리듬을 유니즌으로 연주합니다.

베이스 드럼은 2,4를 기본으로 연주합니다. 하이햇을 메인 그루브로 연주하는데 멜로디의 리듬중 중요한 부분을 액센트로 강조하여 연주합니다. 하이햇의 메인 그루브는 samba batucada 필을 기본으로 연주합니다. 카운트 후 첫 박은 베이스 드럼없이 크래쉬심벌을 연주합니다.(때론 첫 박에 베이스드럼을 밟는 경우가 있는데 이 곡의 느낌과 달라지게 되므로 주의합니다.) verse 넘어 갈때의 필인은 영상과 같이 꼭 RRLRLR 의 스틱킹으로 연주합니다. 그래야만 3연음과 16비트의 중간의 느낌을 낼 수 있습니다.

테마 멜로디 라인을 유니즌으로 연주하는데 라인의 리듬꼴이 정확한 16비트나 3연음이라고 하기는 어렵습니다. 그래서 굳이 말하자면 중간정도로 연주합니다. 베이스드럼의 2,4에 그루브를 실어서 박자가 빨라지지 않게 주의하고 악기편성에 따라 옥타브를 올려서 연주해도 좋습니다.

2 chorus

테마 멜로디의 리듬과 유니즌으로 연주해야 되기 때문에 가능한한 타이트하게 연주합니다.(영상 참고)

*chorus 2, 3은 chorus 1과 유사하여 생략합니다.

A
chorus1

전체적으로 타이트하게 16비트 섹션을 지켜야 합니다. 다만 중간에 samba baiao 부분은 둥 글둥글한 그루브로 연주합니다. 이 때 고스트 노트가 그 필을 결정하는 중요한 역할을 하므 로 영상을 꼭 참고하세요.

멜로디 리듬을 드럼과 함께 연주하며 진행하 고 기본적인 samba baiao 패턴을 베이스드럼 에 맞춰 연주합니다.

B
verse

전체적으로 samba baiao 그루브로 흘러가면 됩니다. 그러나 킥을 baiao로 연주하면 너무 끊기는 느낌이 강하므로 그냥 samba로 연주하고 스네어 드럼으로 baiao 느낌을 표현합니다.

코드톤을 사용하여 samba baiao 패턴을 드럼과 함께 연주합니다 (노트를 너무 짧게 연주하지 않도록 주의). 중간 중간에 패턴을 다양화시키거나 뮤트나 필인을 자유롭게 사용해도 좋습니다.

4 pre chorus

8비트 그루브와 samba baiao의 그루브가 자연스럽게 바뀔 수 있도록 합니다. chorus로 넘어가기 전 마디의 16비트 싱코페이션을 짧고 타이트하게 잡아줍니다. (chorus 첫마디를 극대화시키기 위해서)

5 bridge

Br
bridge

전체적인 곡의 느낌이 상당히 타이트하기 때문에 브릿지 부분에서는 넓게 벌려 주듯이 연주합니다. 리듬은 잠시 쉬어가면서(?) 가사에 집중하는 것도 좋을 것 같네요.

2마디를 한마디처럼 생각하고 기본패턴을 지켜가며 연주합니다. 멜로디가 쉬는 부분에서는 적당한 라인들을 연주해 봅시다.

6 outro

3번을 반복하기 때문에 다이나믹이 중요합니다. 따라서 첫 번째는 하이햇, 두 번째는 스네어, 세 번째는 세트를 모두 사용하여 samba 스타일로 연주합니다. 다른 아이디어가 있다면 시도해 보시는 것도 좋을 것 같습니다.

3번을 연주하는 동안 첫 번째, 세번째는 원 멜로디 라인을 유니즌으로 연주하고 두 번째는 화성을 이루는 다른 멜로디를 연주합니다. (영상 및 악보참고) 각 노트들을 너무 짧거나 길지 않게 적당한 길이로 연주할 수 있도록 합시다.

114

 Drum

··→ samba baiao

이 곡은 워십곡중에 대표적인 brazillian 곡일 것 같습니다.

그 중에서도 baiao rhythm이 사용되었습니다.

(다른 스타일로 연주할수도 있겠지만 필자는 baiao 스타일로 연주했습니다.)

사실 baiao rhythm은 베이스드럼 패턴이 아래 악보와 같이 연주됩니다.

그러나 필자는 곡의 느낌상 마지막 베이스드럼을 아래악보와 같이 스네어로 연주했습니다.

※악보를 참고해서 verse부분을 연습해 봅니다.

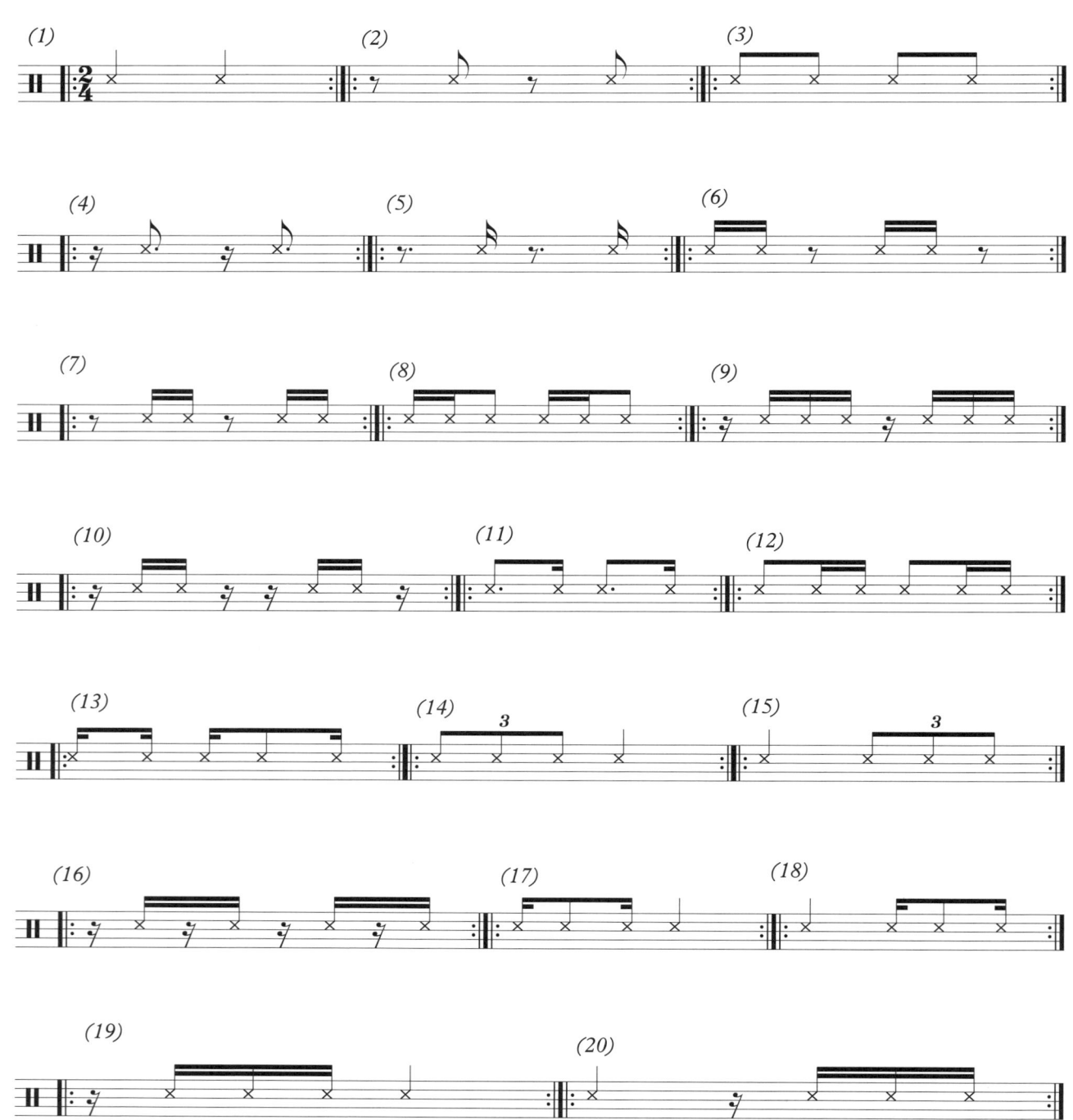

먼저 베이스드럼은 위의 115쪽 삼바패턴을 연주하면서 왼손 comping을 위에 있는 악보를 가지고 모두 대입하여 연습해봅니다.

그리고, verse부분에 적용해보면 또다른.. 좀더 brazillian스러운 느낌을 가질수 있을 것입니다.

Bass(릴리즈, 터치, 톤메이킹, 라인)

'나의 슬픔을'은 라틴 리듬을 기반으로 한 곡이지만 팝적인 요소가 가미되어 있는 퓨전스타일의 곡이라고 할 수 있습니다. 그래서 베이스 연주 스타일도 원곡의 연주처럼 퓨전적인 요소들이 가미되어 있어서 라틴베이스에 대해 이 곡과는 별개로 이야기 해보고 싶습니다.

보사노바에 대해 이야기할 때 라틴음악 이야기를 했습니다만 라틴음악은 크게 브라질리언과 큐반으로 분류합니다. 브라질리언에서의 연주 스타일은 '선하신 목자'를 다루면서 살펴보았으므로 이번엔 큐반에서의 베이스 연주 스타일에 대해서 살펴보도록 합시다.

: 뚬바오(Thumbao) 베이스 패턴 :

뚬바오 패턴은 큐반음악에서 기본이 되는 베이스 패턴입니다(콩가라는 악기도 뚬바오라는 리듬 패턴이 있습니다). 몬투노(Montuno)나 카스카라(Cascara) 리듬 패턴처럼 8분음 엇박이 특징이 되는 뚬바오 패턴은 당김음으로 당겨지는 포인트 때문에 처음에는 연주하기가 어렵습니다. 메트로놈이나 드럼등 어떤 기준점을 확실하게 두고 연습을 하면 당겨지는 음들을 자연스럽게 표현하실 수 있게 되고 그 때부터는 큐반 그루브를 이해하실 수 있을 겁니다.

큐반에서는 베이스가 릴리즈를 자유롭게 가져갑니다. 템포가 빠른 살사나 맘보등에선 짧게 릴리즈를 가져가기도 하고 미디엄 템포의 차차나 라틴 발라드라고 할 수 있는 볼레로에선 릴리즈를 길고 여유있게 가져갑니다.

터치는 전반적으로 어택이 느껴질 정도로 강하게 연주하는 모습을 많이 볼 수 있습니다. 뚬바오가 곡 전체의 그루브를 끌고 가기 때문에 확실한 터치로 리듬을 끌고 가는 것으로 보여집니다.

빠른 살사나 맘보에서 톤메이킹은 어택이 느껴지도록 미드대역을 부스트 하고 싶습니다. 볼레로나 차차등에서는 빠른 곡들보다는 이큐를 플랫하게 세팅하고 연주하는 것을 추천해 드리고 싶습니다.

라틴음악이 리듬에 초점을 두고 있는 음악이므로 리듬감을 부각시키기 위해 많은 라인을 사용하지 않고 1, 5, 8음 위주로 연주하는 것이 좋을 것 같습니다. 위아래로 도약하는 옥타브 패턴은 역동적인 반면에 연주에 안정감을 주어 보다 효과적인 라틴음악을 표현할 수 있을 것입니다.

Lesson 8 라틴스타일(Latin Style)

워십리더 타미 워커(Tommy Walker)의 'Mourning Into Dancing' 중 드럼 연주를 채보하였습니다.
앞의 본격 레슨과 Tip을 떠올리며 주의 깊게 연주해보세요.

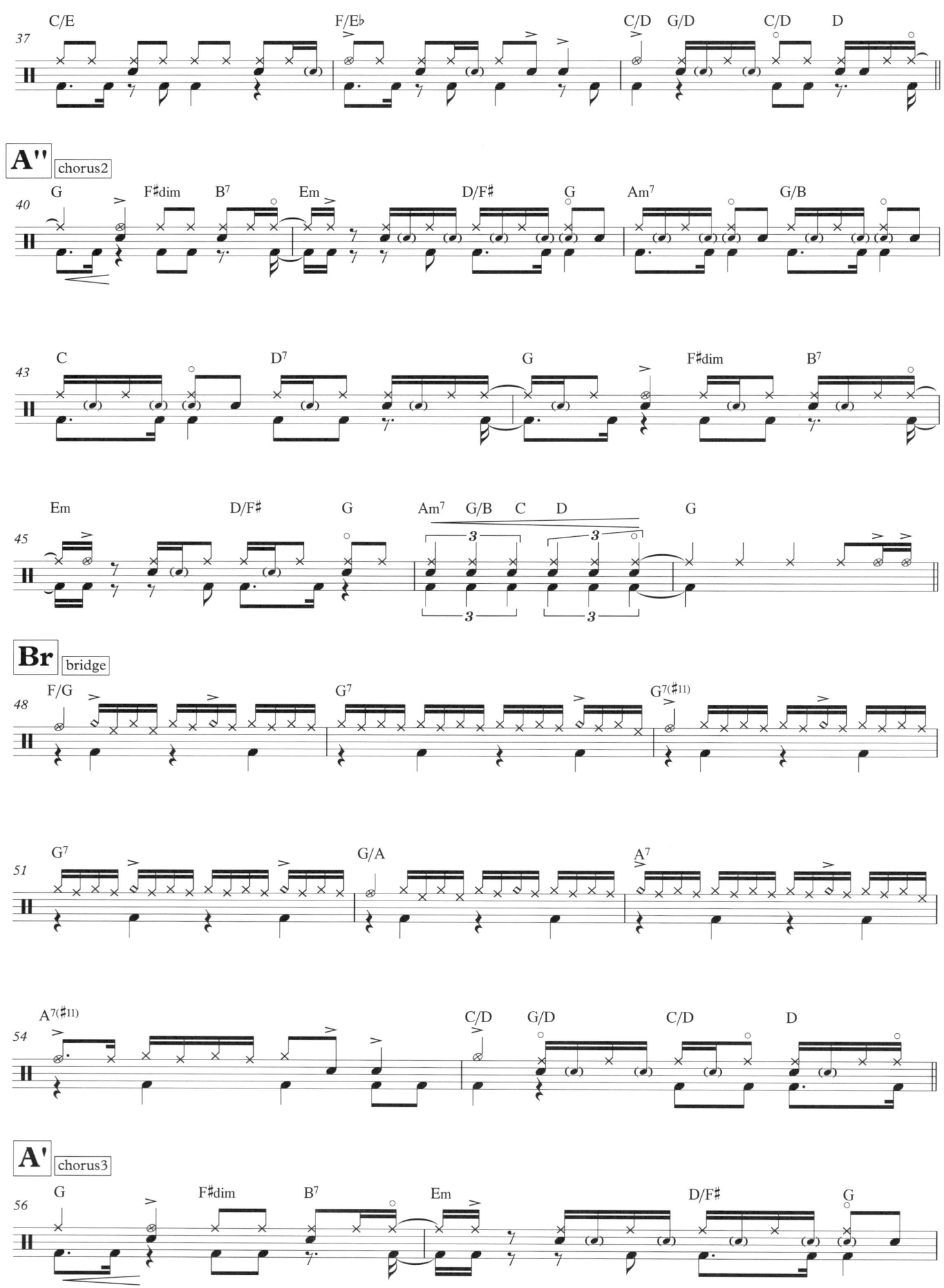

Fine

Lesson 8 라틴스타일(Latin Style)

워십리더 타미 워커(Tommy Walker)의 'Mourning Into Dancing' 중 베이스 연주를 채보하였습니다.
앞의 본격 레슨과 Tip을 떠올리며 주의 깊게 연주해보세요.

멜로디
드럼
베이스
총보

· · · · · ·

나의모습 나의소유

Claire Cloninger / Don Moen

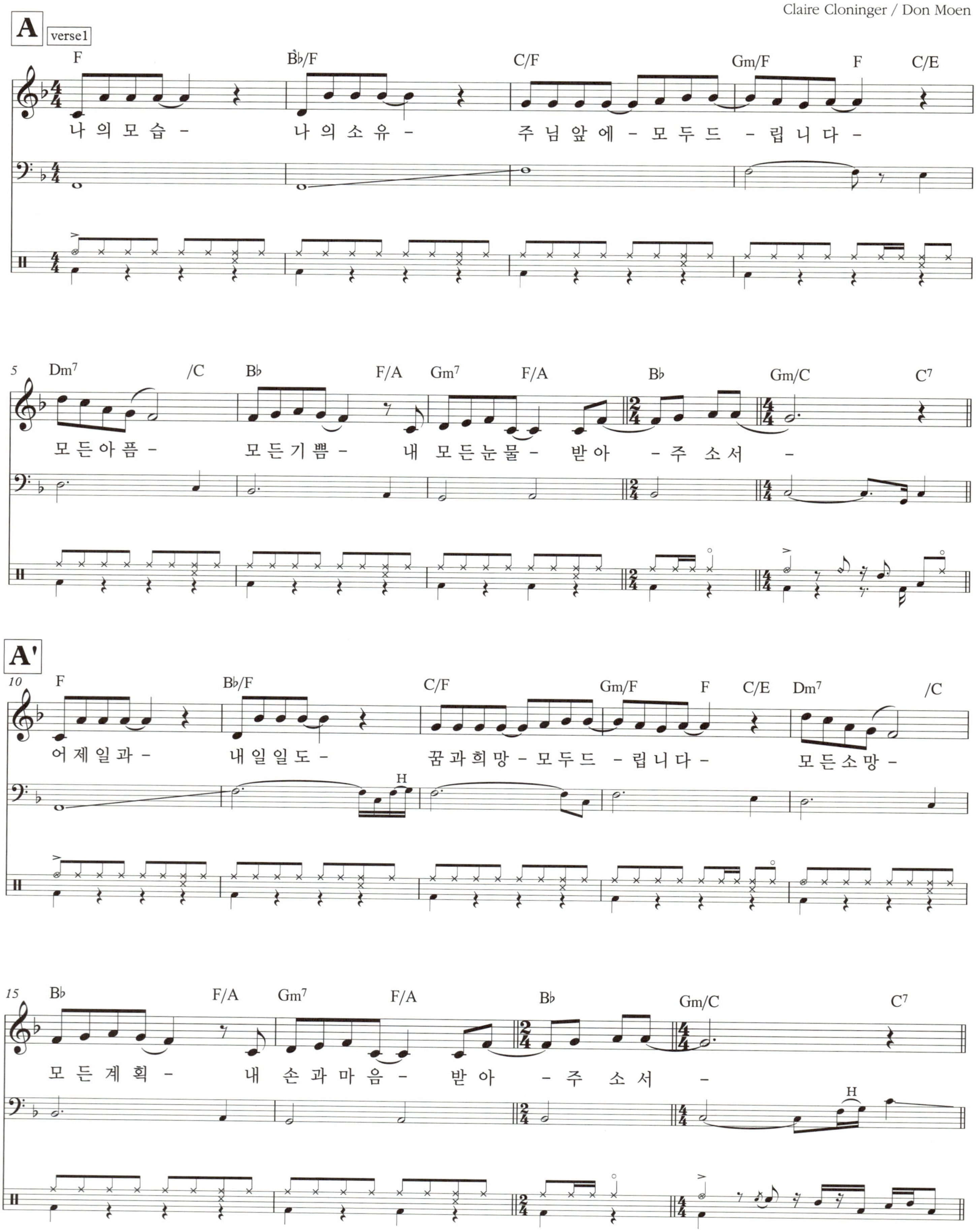
A
verse1
F
B♭/F
C/F
Gm/F
F
C/E
나 의 모 습 - 나 의 소 유 - 주 님 앞 에 - 모 두 드 - 립 니 다 -
5
Dm7
/C
B♭
F/A
Gm7
F/A
B♭
Gm/C
C7
모 든 아 픔 - 모 든 기 쁨 - 내 모 든 눈 물 - 받 아 - 주 소 서 -
A'
10
F
B♭/F
C/F
Gm/F
F
C/E
Dm7
/C
어 제 일 과 - 내 일 일 도 - 꿈 과 희 망 - 모 두 드 - 립 니 다 - 모 든 소 망 -
H
15
B♭
F/A
Gm7
F/A
B♭
Gm/C
C7
모 든 계 획 - 내 손 과 마 음 - 받 아 - 주 소 서 -
H

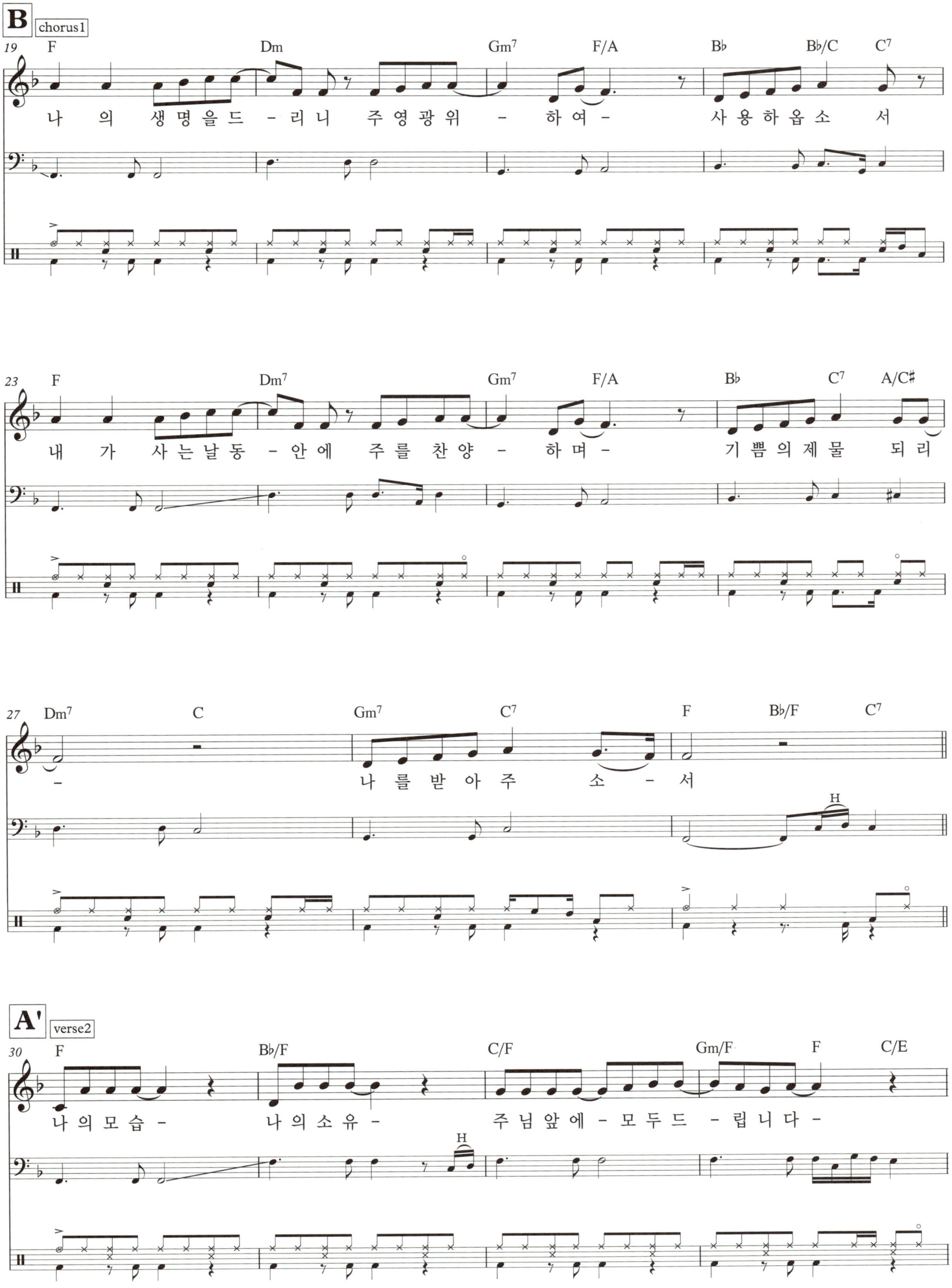

B chorus1

19

F　　　　Dm　　　　Gm⁷　F/A　　B♭　B♭/C　C⁷

나 의 생명을드-리니 주영광위 - 하여- 사용하옵소 서

23

F　　　　Dm⁷　　　　Gm⁷　F/A　　B♭　　C⁷　A/C♯

내 가 사는날동-안에 주를찬양 - 하며- 기쁨의제물 되리

27

Dm⁷　　C　　　Gm⁷　　C⁷　　　F　B♭/F　C⁷

- 나를받아주 소-서

A' verse2

30

F　　　　B♭/F　　　C/F　　　Gm/F　F　C/E

나의모습- 나의소유- 주님앞에-모두드 -립니다-

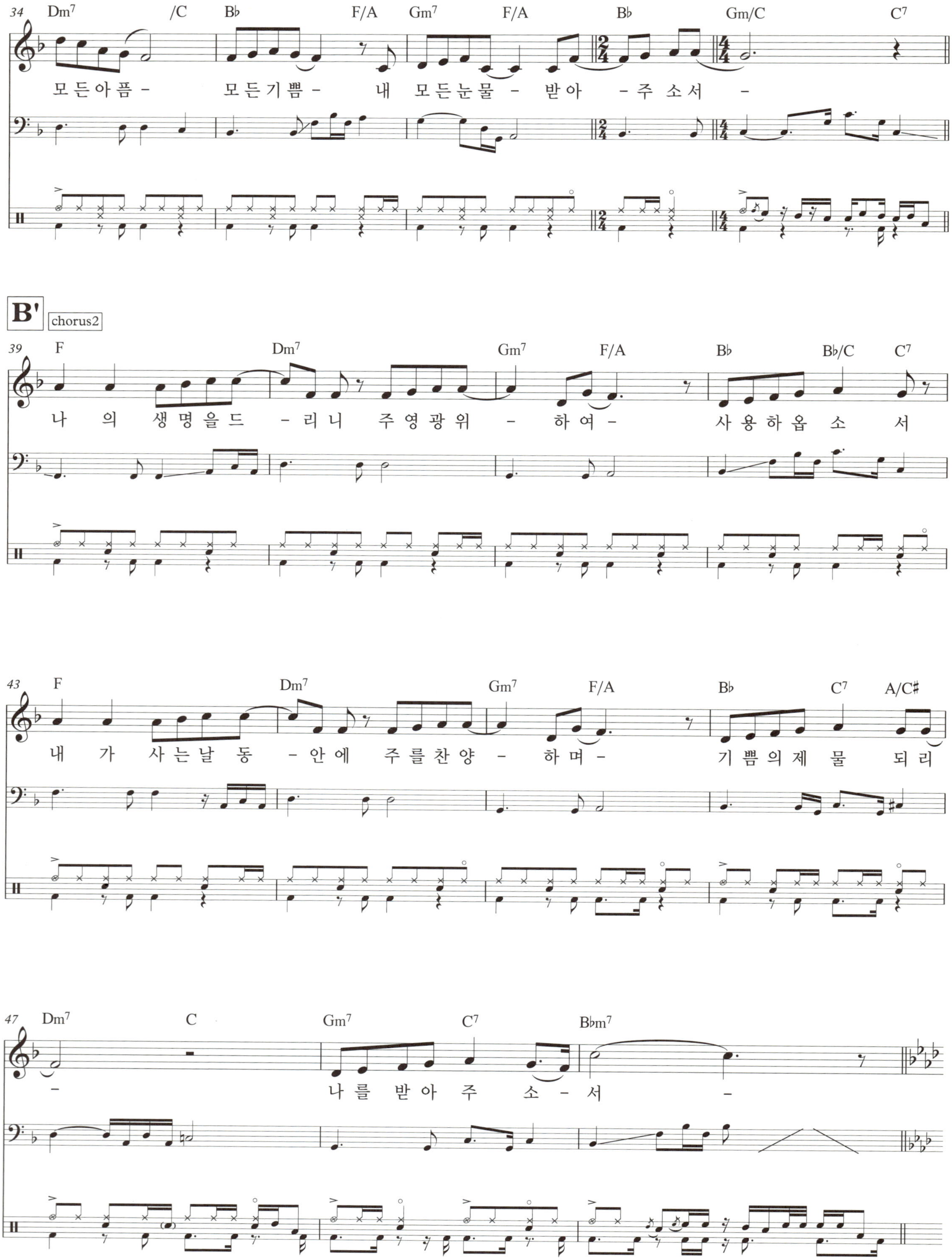
34 Dm7 /C B♭ F/A Gm7 F/A B♭ Gm/C C7
모든아픔 - 모든기쁨 - 내 모든눈물 - 받아 -주 소서 -
B'
chorus2
39 F Dm7 Gm7 F/A B♭ B♭/C C7
나 의 생명을드 -리니 주영광위 - 하여- 사용하옵 소 서
43 F Dm7 Gm7 F/A B♭ C7 A/C♯
내 가 사는날 동 -안에 주를찬양 - 하며- 기쁨의제 물 되리
47 Dm7 C Gm7 C7 B♭m7
- 나를 받아 주 소 - 서 -

Br bridge ver.1

50 | Db | Eb | Cm7 | Fm7 | Bbm7 | Eb | Cm7 | Fm7

우리가진 - 이 모든것들 - 을 다 주께서우 - 리에게 주시었네 -

54 | Bbm7 | Eb | Cm7 | Fm7 | Bbm7 | Ab/C | Bb/C | C7

몸밖에드 - 릴것이 - 없으니 내 삶을받아 - 주소 서 -

rit.

B'' chorus3

58 | F | Dm7 | Gm7 | F/A | Bb | Bb/C | C7 | F

나 의 생명을드 - 리니 주영광위 - 하여 - 사용하옵소 서 내가 사는날동

63 | Dm7 | Gm7 | F/A | Bb | C7 | A/C# | Dm7 | C | Gm7 | C7 | F

- 안에 주를찬양 - 하며 - 기쁨의제물 되리 - 나를받아주 소 - 서

rit.

129

멈출 수 없네

심형진

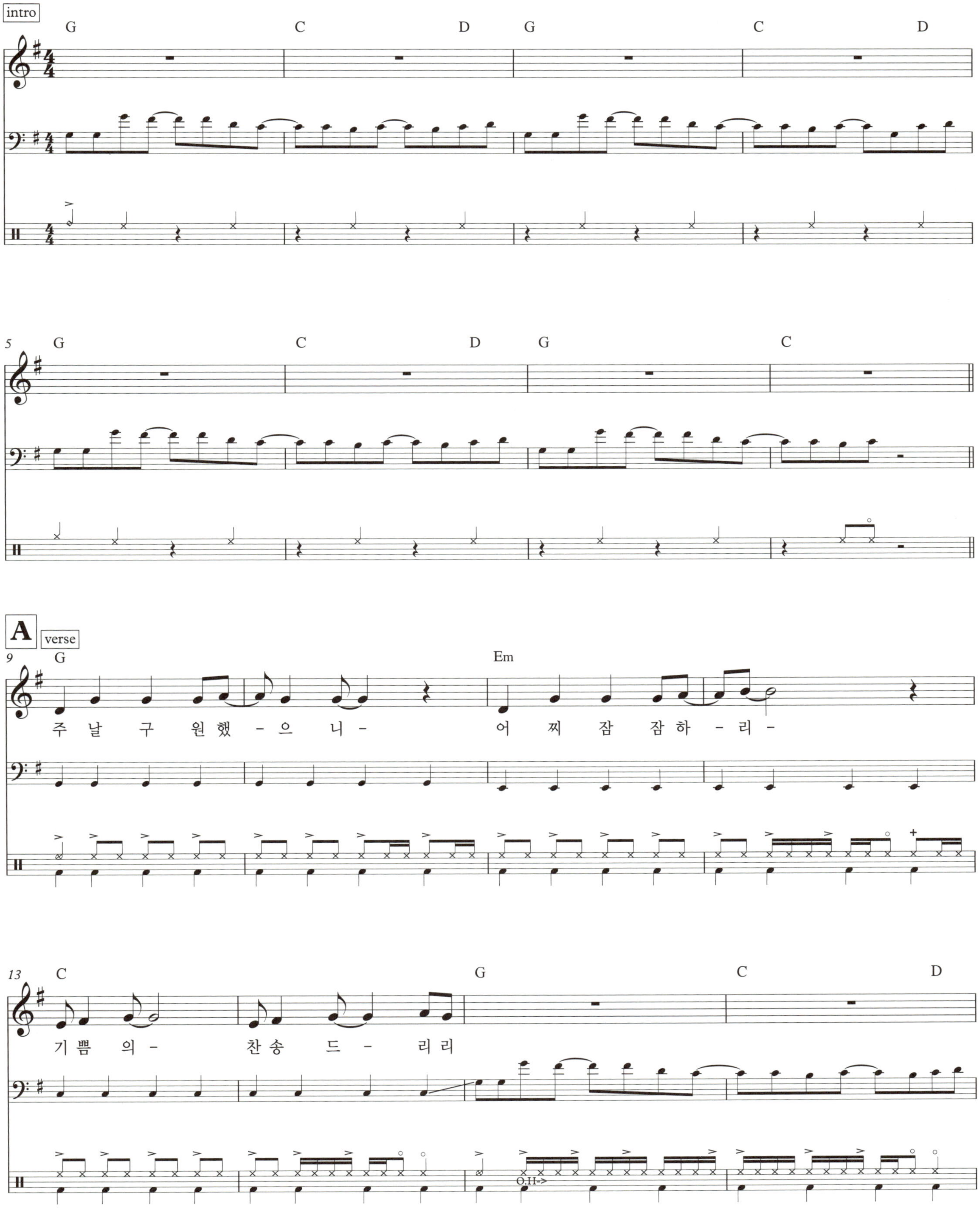
intro
G C D G C D
5 G C D G C
A verse
9 G Em
주 날 구 원했 - 으 니 -
어 찌 잠 잠 하 - 리 -
13 C G C D
기 쁨 의 -
찬 송 드 - 리 리
O.H.

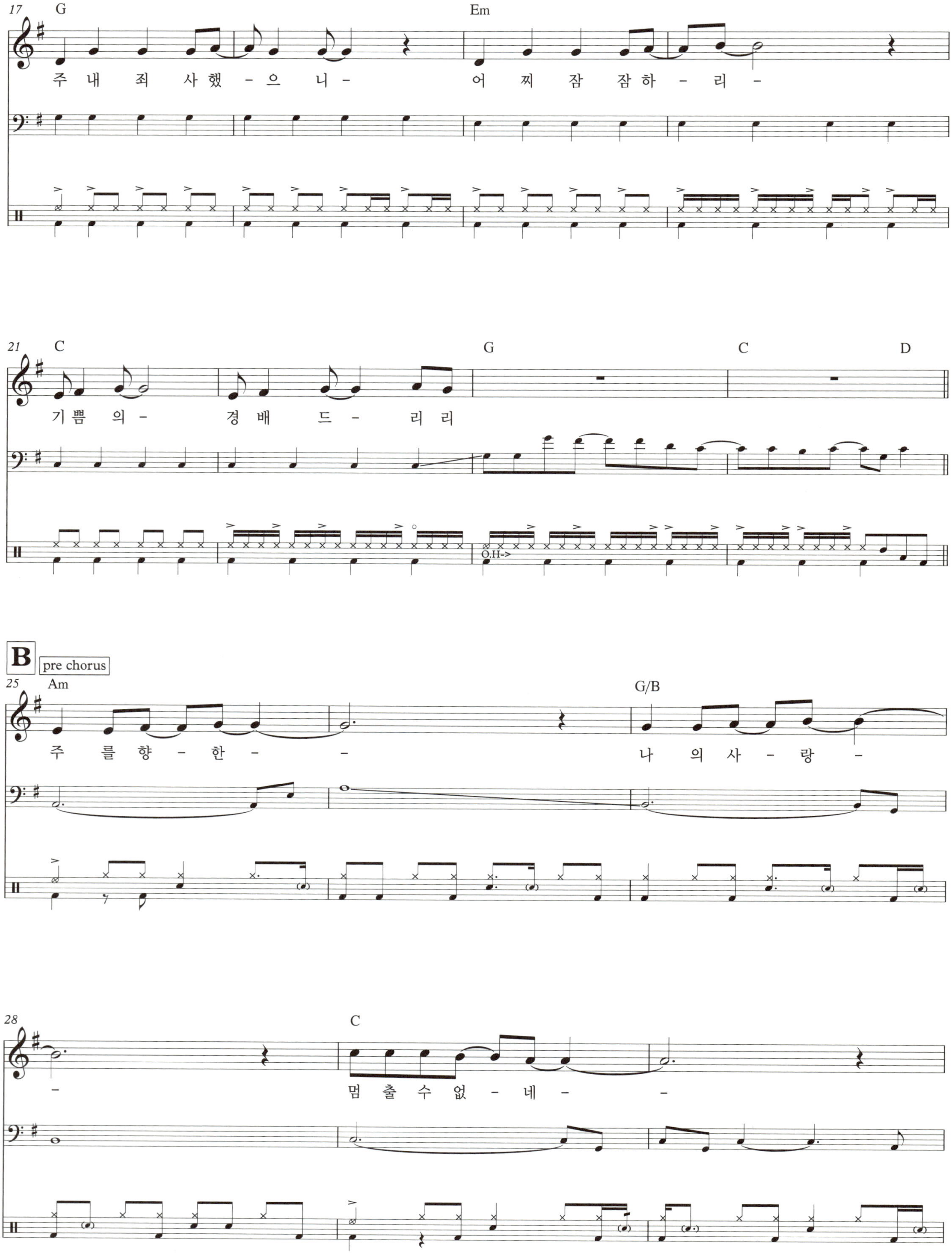
17 G
주 내 죄 사 했 - 으 니 -
Em
어 찌 잠 잠 하 - 리 -
21 C
기 쁨 의 -
경 배 드 - 리 리
G
C
D
O.H.->
B
pre chorus
25 Am
주 를 향 - 한 - -
G/B
나 의 사 - 랑 -
28
-
C
멈 출 수 없 - 네 - -

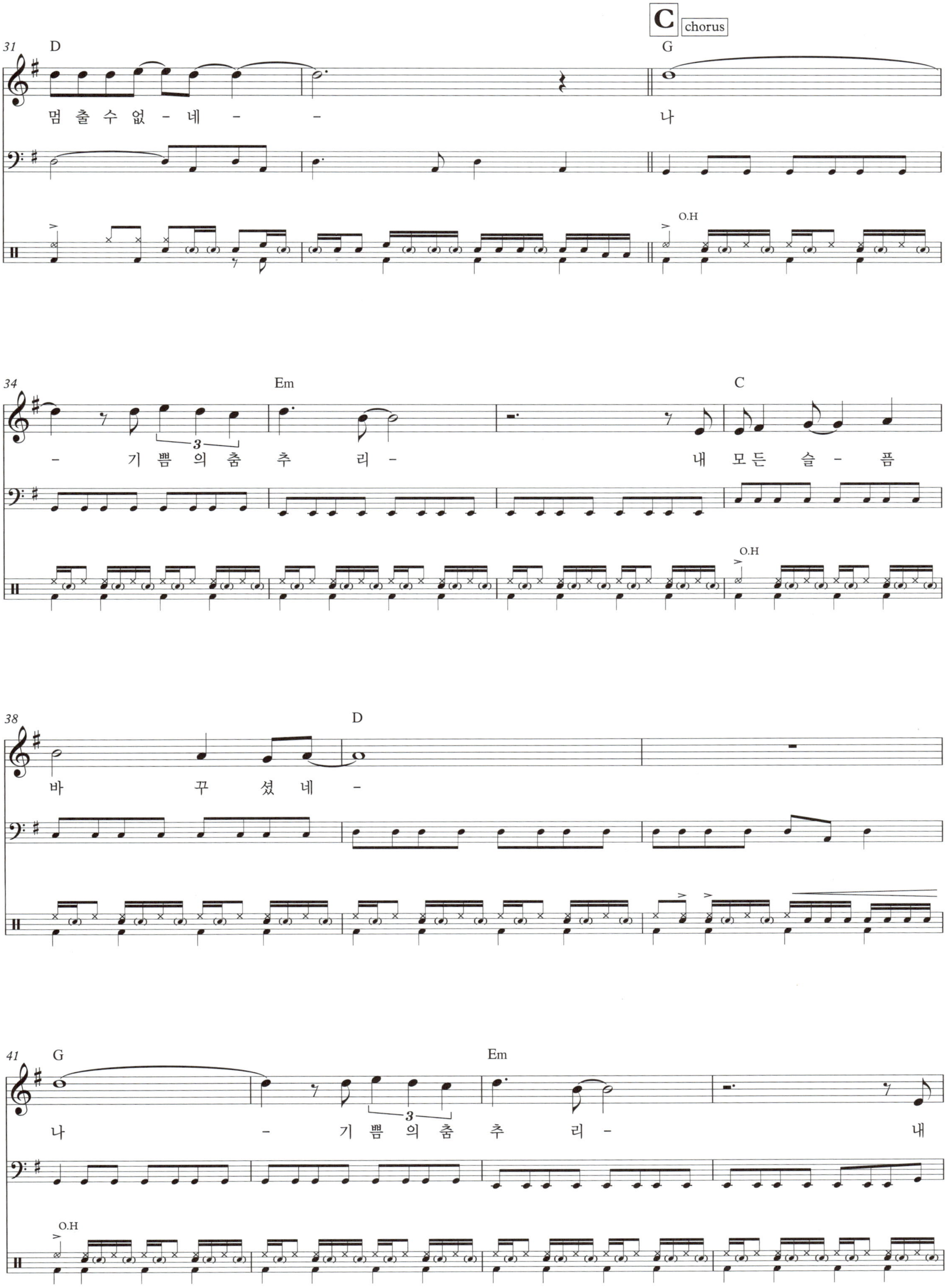
C
chorus
31
D
G
멈 출 수 없 - 네 - - 나
O.H
34
Em
C
- 기 쁨 의 춤 추 리 - 내 모든 슬 - 픔
3
38
D
바 꾸 셨 네 -
41
G
Em
나 - 기 쁨 의 춤 추 리 - 내

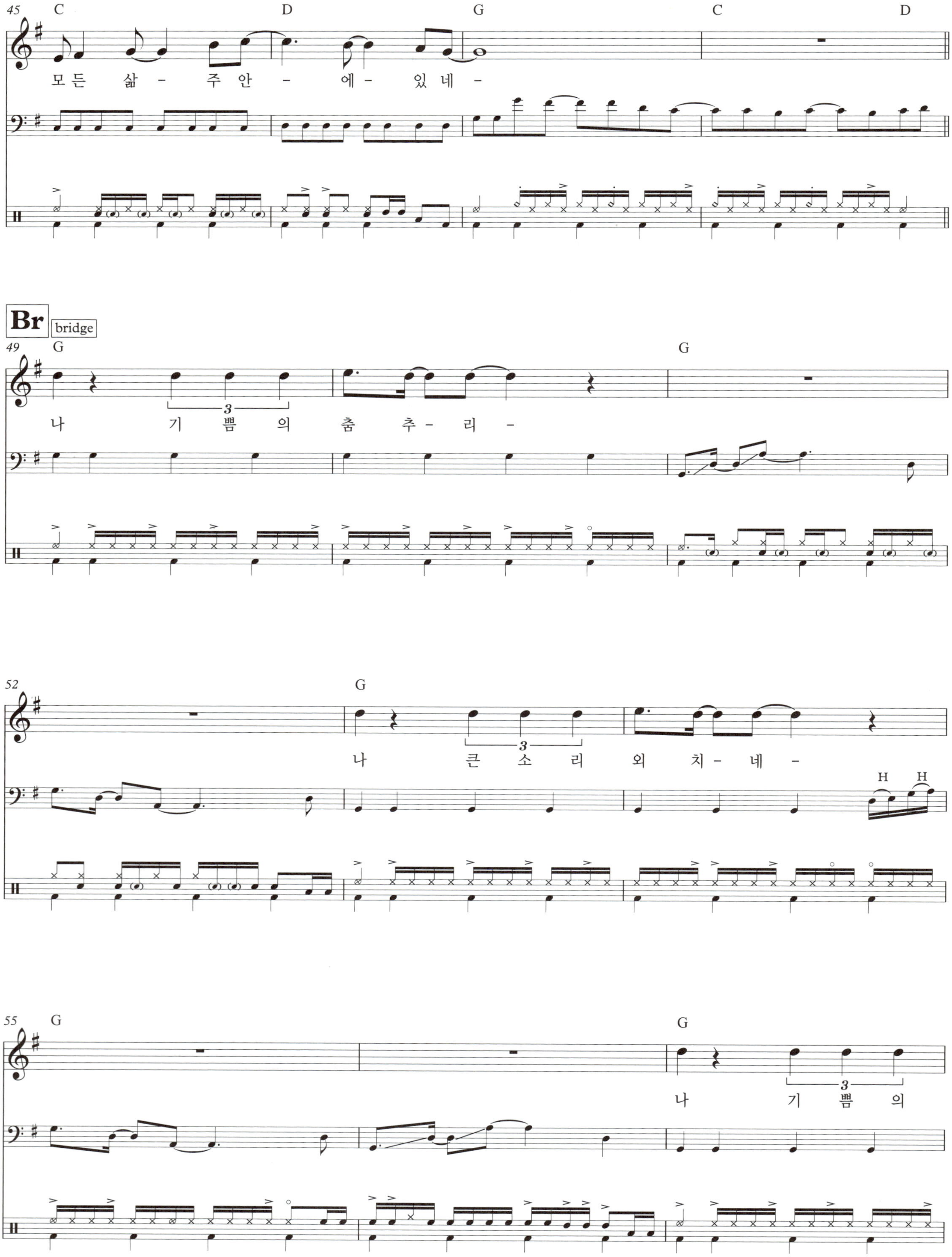
45
C D G C D
모든 삶 - 주 안 - 에- 있 네 -
Br bridge
49
G G
나 기 쁨 의 춤 추- 리 -
3
52
G
나 큰 소 리 외 치- 네 -
3
H H
55
G G
나 기 쁨 의
3

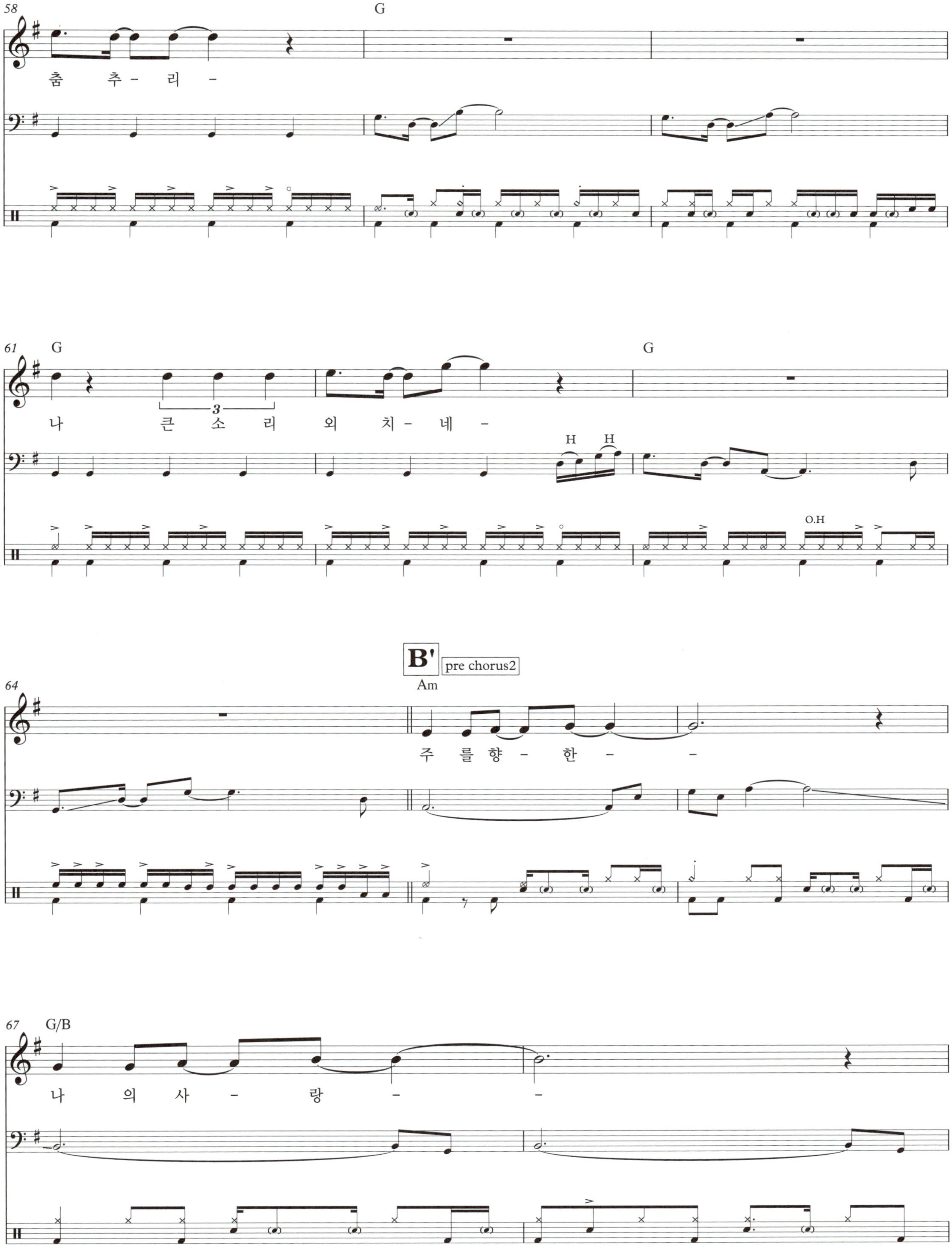
58
G
춤 추 - 리 -
61 G
3
나 큰 소 리 외 치 - 네 -
G
H H
O.H
B'
pre chorus2
64
Am
주 를 향 - 한 - -
67 G/B
나 의 사 - 랑 - -

멈 출 수 없 - 네 - -

멈 출 수 없 - 네 - -

주 를 향 - 한 - -

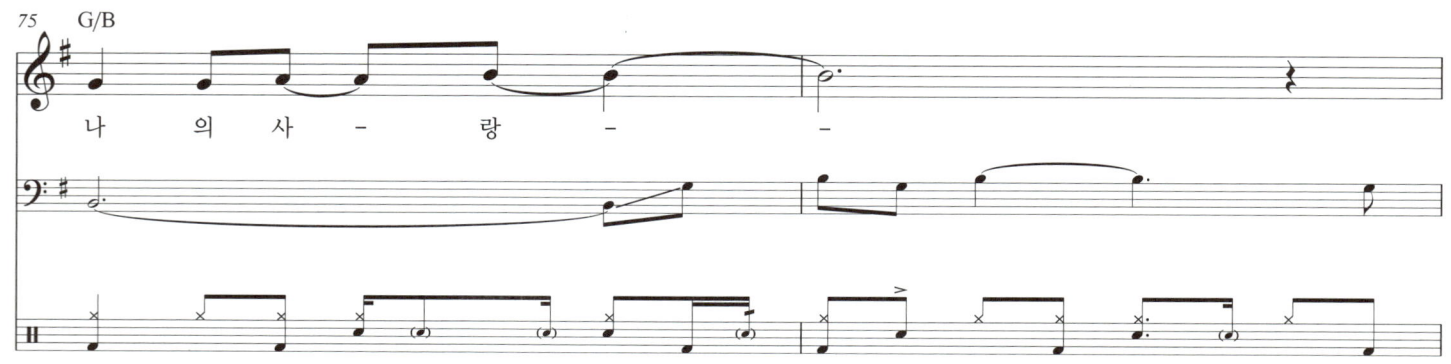

나 의 사 - 랑 - -

나

기쁨의춤추리 — 내

모든삶 — 주안 — 에 — 있네 —

outro

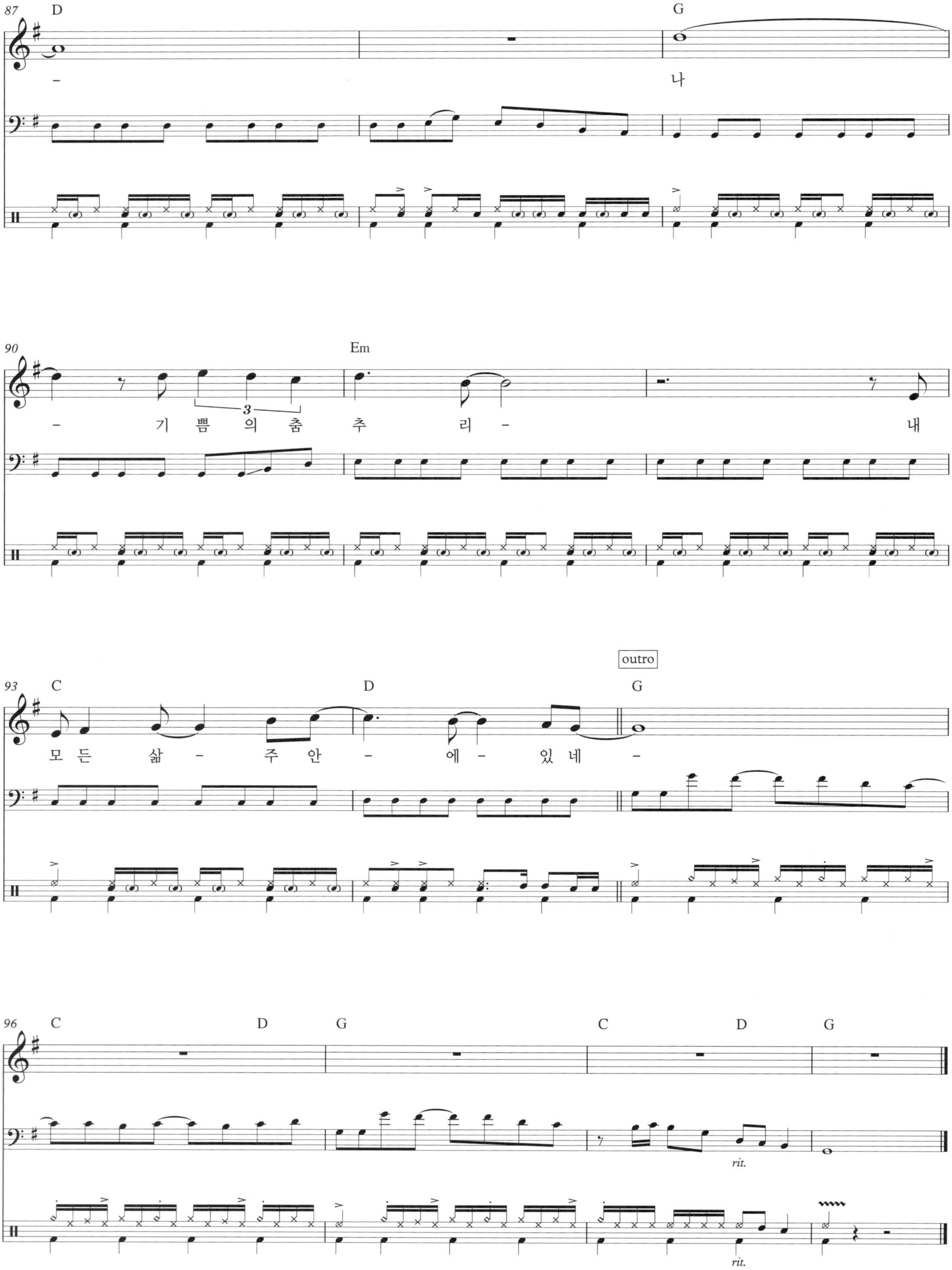

주님같은 반석은 없도다

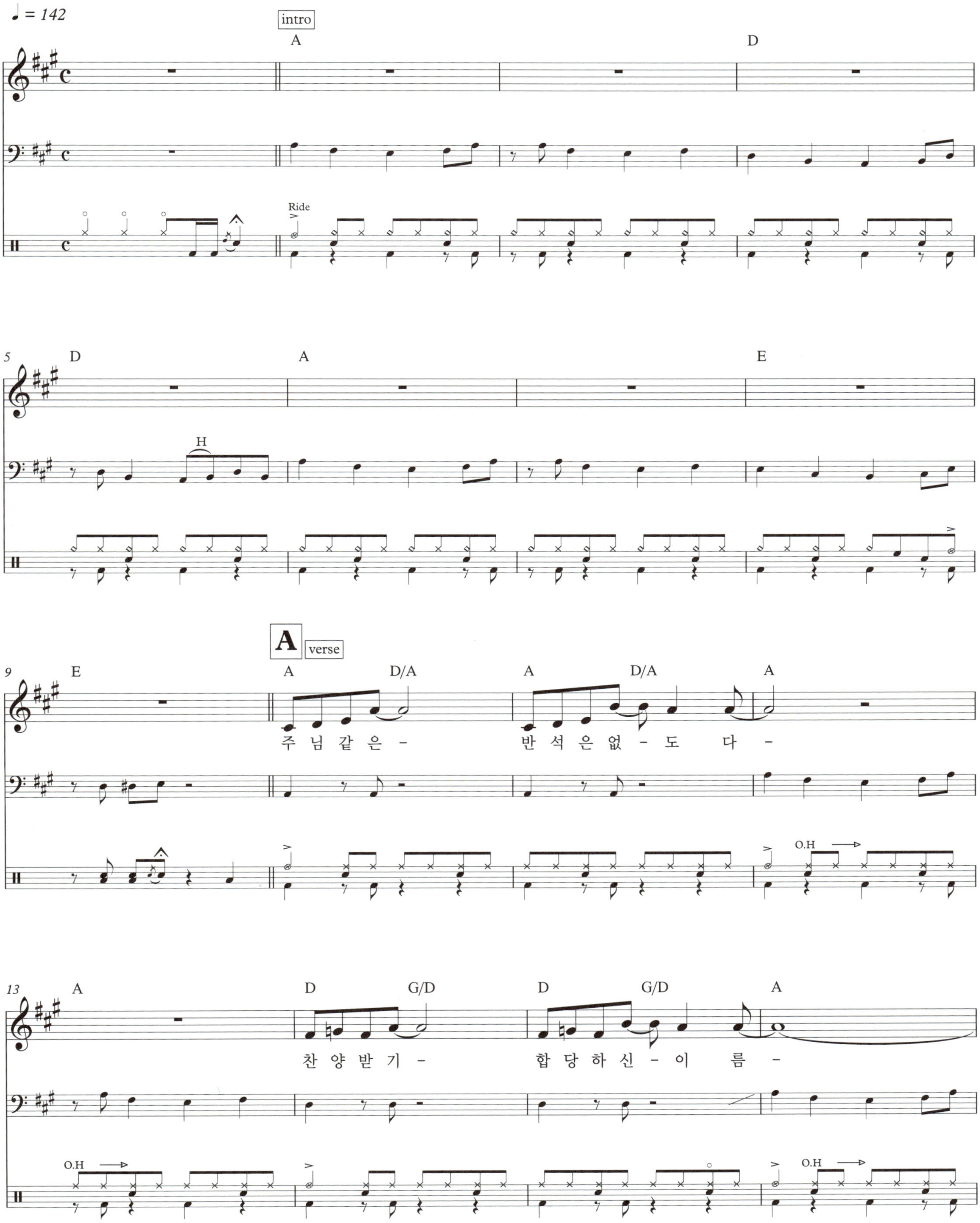
♩= 142
intro
A
D
5
D
A
E
H
Ride
9
E
A
verse
A
D/A
A
D/A
A
주 님 같 은 -
반 석 은 없 - 도 다 -
O.H
13
A
D
G/D
D
G/D
A
찬 양 받 기 -
합 당 하 신 - 이 름 -
O.H

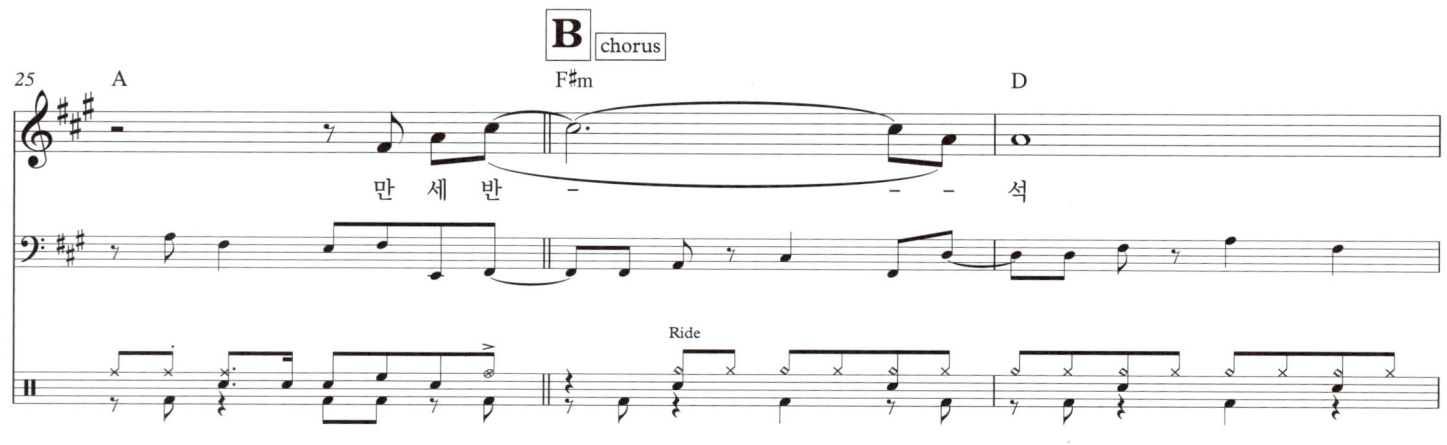

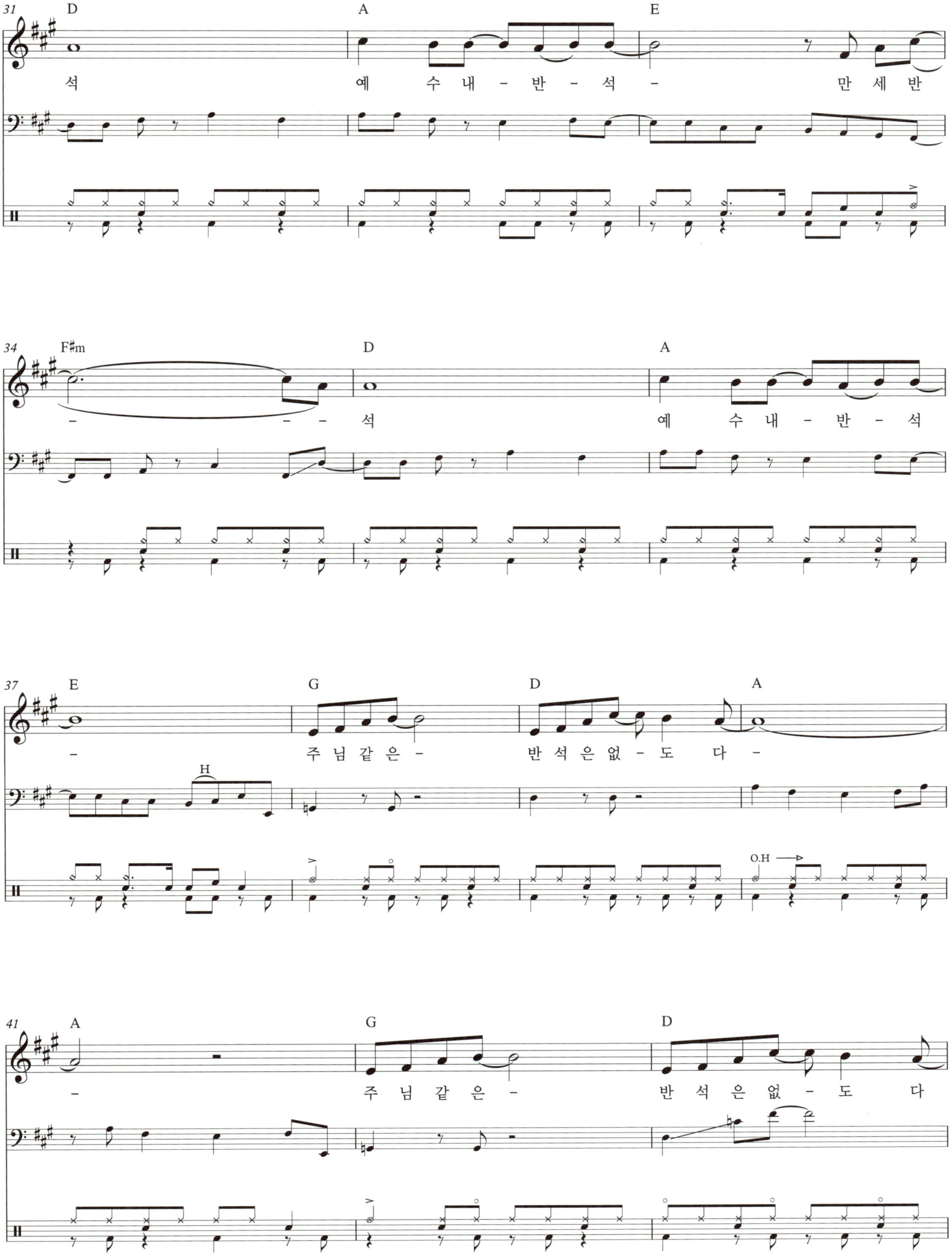
31 D A E
석 예 수 내 - 반 - 석 - 만 세 반
34 F♯m D A
- - - 석 예 수 내 - 반 - 석
37 E G D A
- 주 님 같 은 - 반 석 은 없 - 도 다 -
H
O.H
41 A G D
- 주 님 같 은 - 반 석 은 없 - 도 다

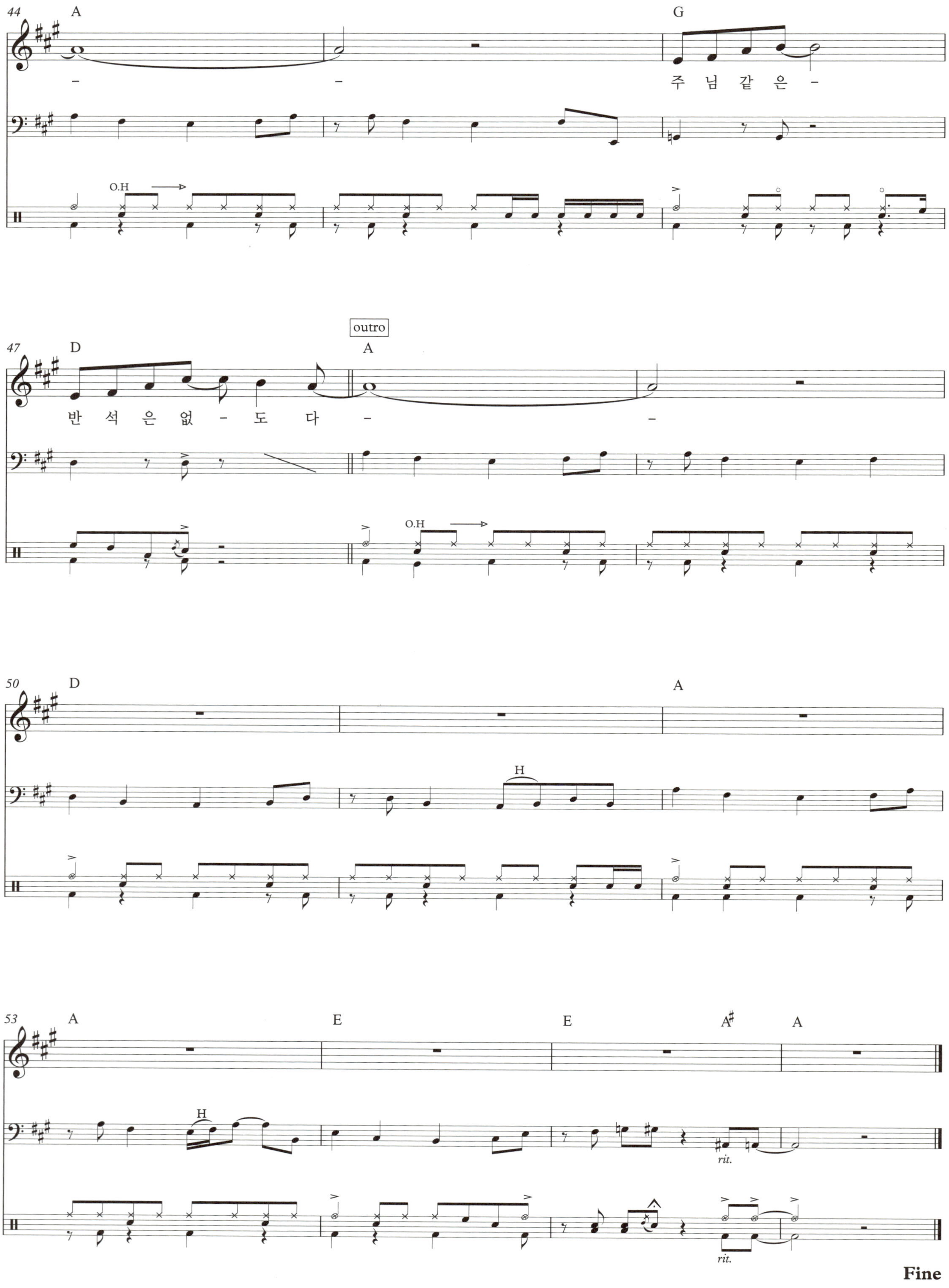
44
A
G
주 님 같 은 -
O.H
47
D
outro
A
반 석 은 없 - 도 다 -
O.H
50
D
A
H
53
A
E
E
A♯
A
H
rit.
rit.
Fine

내 평생 사는동안

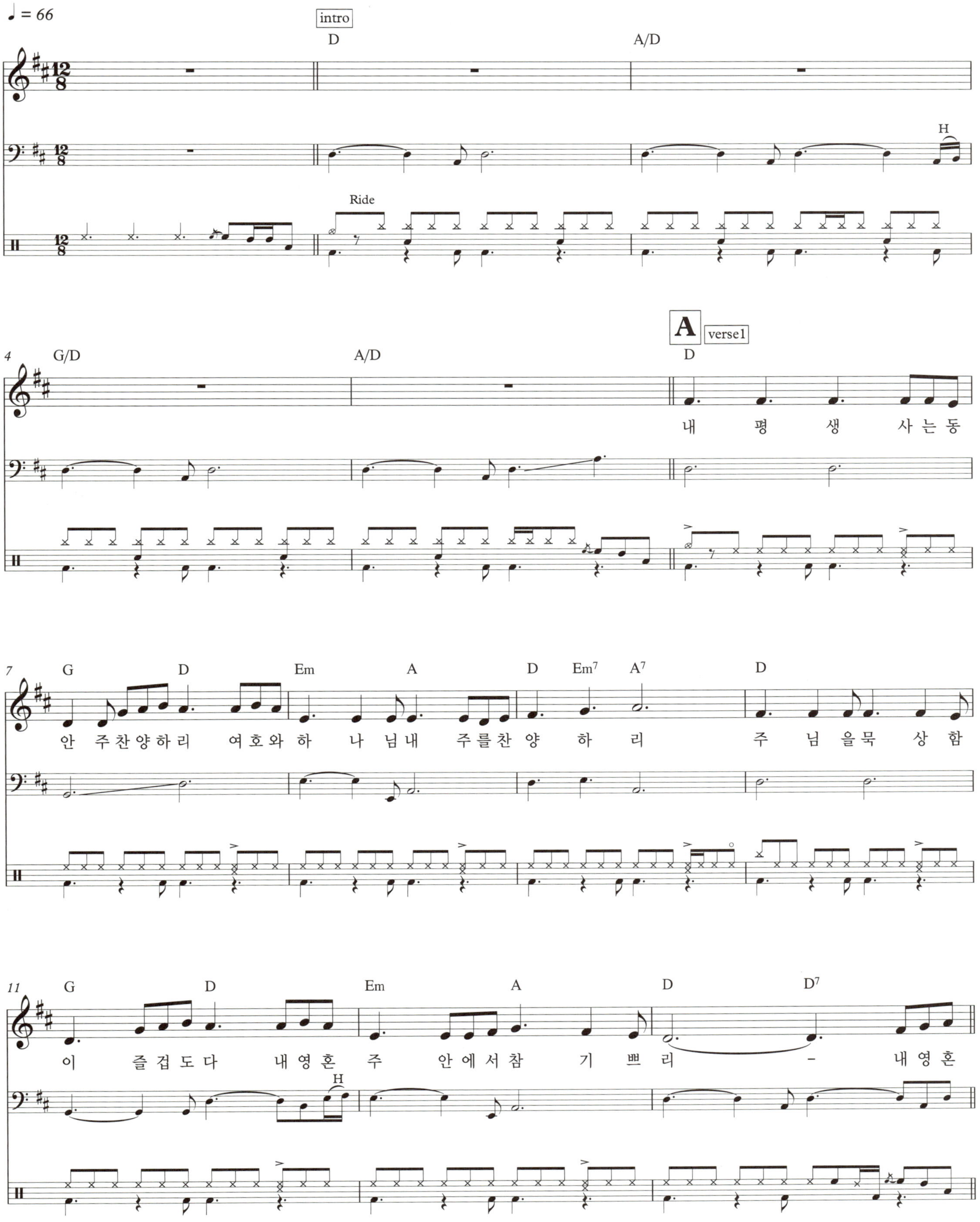
♩ = 66
intro
D
A/D
H
Ride
4
G/D
A/D
A
verse1
D
내 평 생 사 는 동
7
G D Em A D Em7 A7 D
안 주 찬 양 하 리 여 호 와 하 나 님 내 주 를 찬 양 하 리 주 님 을 묵 상 함
11
G D Em A D D7
이 즐 겁 도 다 내 영 혼 주 안 에 서 참 기 쁘 리 - 내 영 혼
H

B chorus1

14　G　　　　A/G　　　　F#m7　　　　Bm7　　　　Em　　　　A

아　주　님　을　송　축　하　라　－　－　－　내　영　혼　아　주　님　을　송　축　하

17　D　Em　D/F#　　　G　　　　A/G　　　F#m7　　　Bm7

라　－　－　내　영　혼　아　주　님　을　송　축　하　라　－　－　－　내　영　혼

A' verse2

20　Em　　　　A　　　　D　　　　A　　　　D

아　주　님　을　찬　양　하　라　－　내　평　생　사　는　동

23　G　　　　D　　　　Em　　　　A　　　　D　Em7　A7

안　주　찬　양　하　리　여　호　와　하　나　님　내　주　를　찬　양　하　리

144

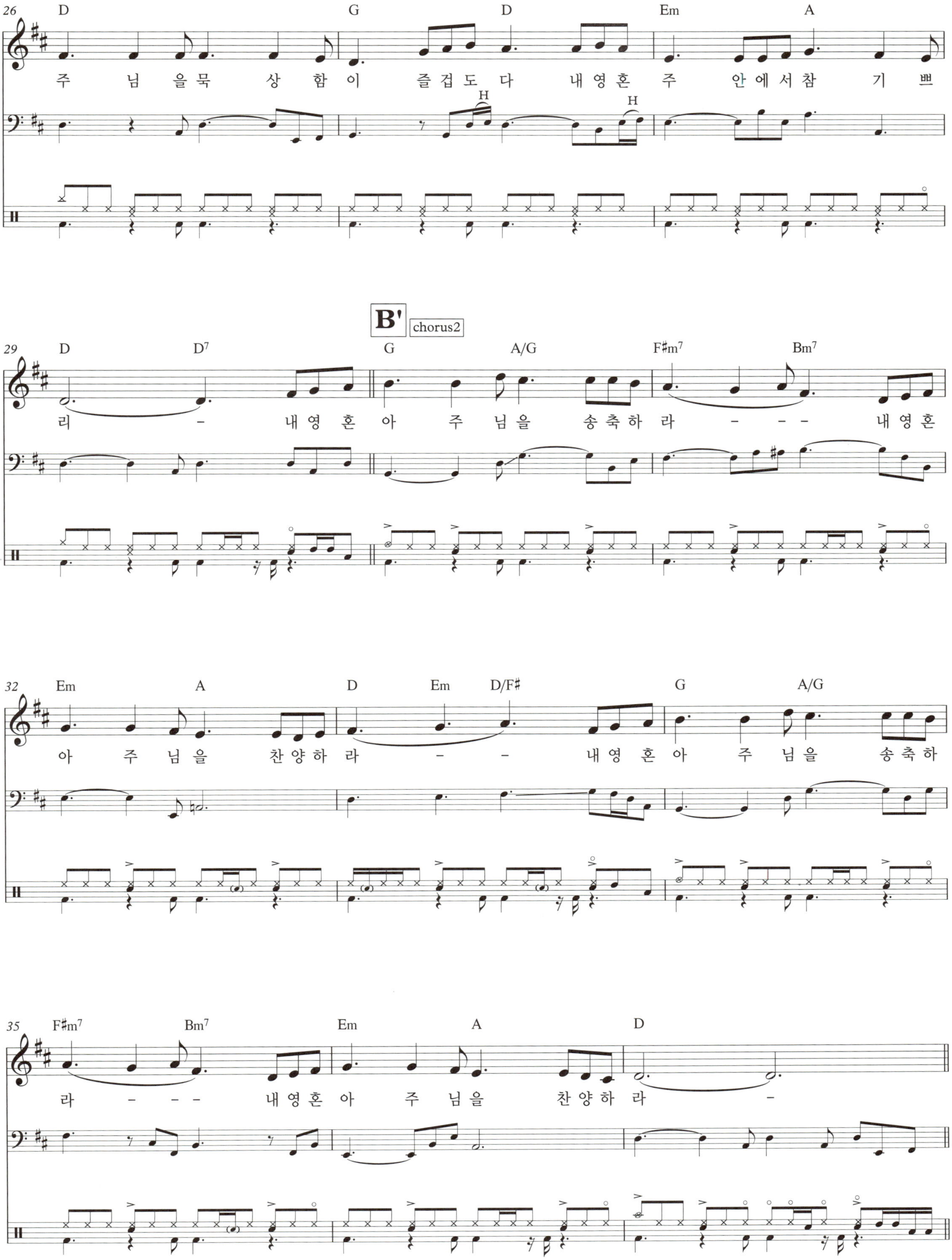
26
D G D Em A
주 님 을 묵 상 함 이 즐 겁 도 다 내 영 혼 주 안 에 서 참 기 쁜
H
H
B' chorus2
29
D D7 G A/G F#m7 Bm7
리 – 내 영 혼 아 주 님 을 송 축 하 라 – – – 내 영 혼
32
Em A D Em D/F# G A/G
아 주 님 을 찬 양 하 라 – – 내 영 혼 아 주 님 을 송 축 하
35
F#m7 Bm7 Em A D
라 – – – 내 영 혼 아 주 님 을 찬 양 하 라 –

B''

아 주 님을 송축하라 — — — 내영혼아 주 님을 찬양하

라 — — 내영혼아 주 님을 송축하라 — — — 내영혼

아 주 님을 찬양하 라 —

Fine

주 여호와는 광대하시도다

B chorus

주의크-신이-름높이 며   우리에게-행하-신 위대

한일감-사하-세-오주의신-실하-신그사 랑   온

땅과하-늘위에계-셔 홀로영원하신 이 름- - 다 주의크-신이-름높이

며   우리에게-행하-신 위대한일감-사하-세-오

주 의 신 - 실 하 - 신 그 사 랑   온

땅 과 하 - 늘 위 에 계 - 셔   홀 로 영 원 하 신   이

outro

름 - -

선하신 목자

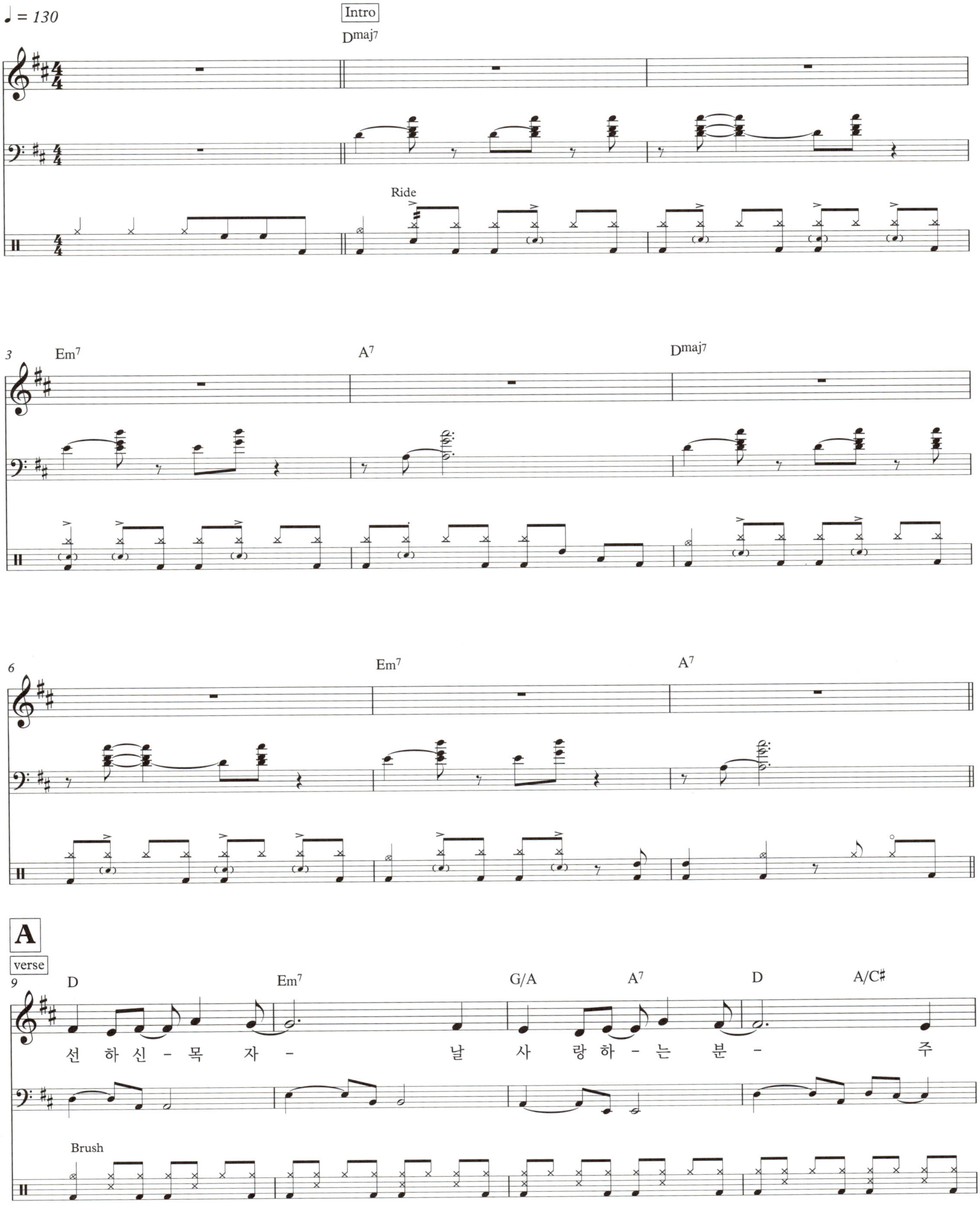
♩ = 130
Intro
Dmaj7
Ride
3
Em7
A7
Dmaj7
6
Em7
A7
A
verse
9
D
Em7
G/A
A7
D
A/C#
선 하 신 - 목 자 - 날 사 랑 하 - 는 분 - 주
Brush

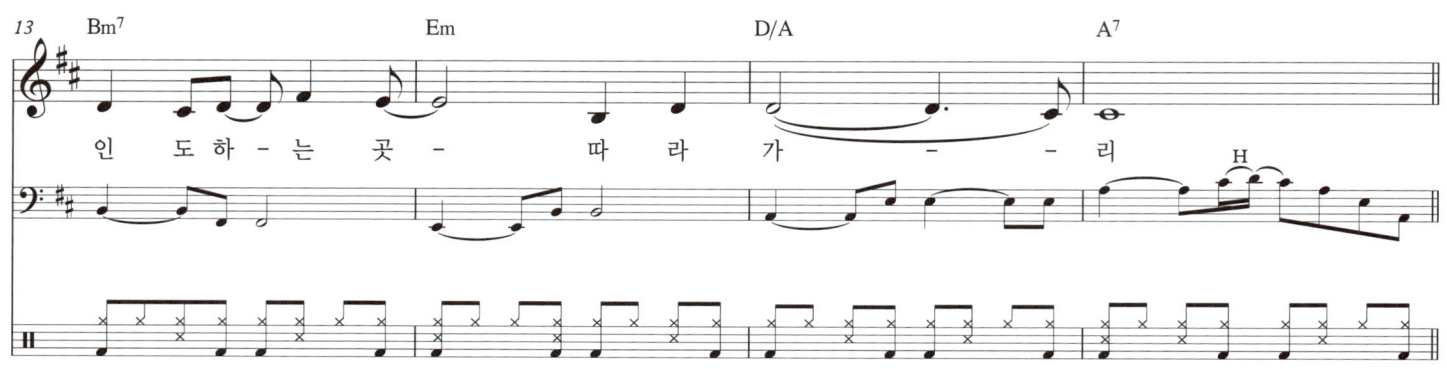

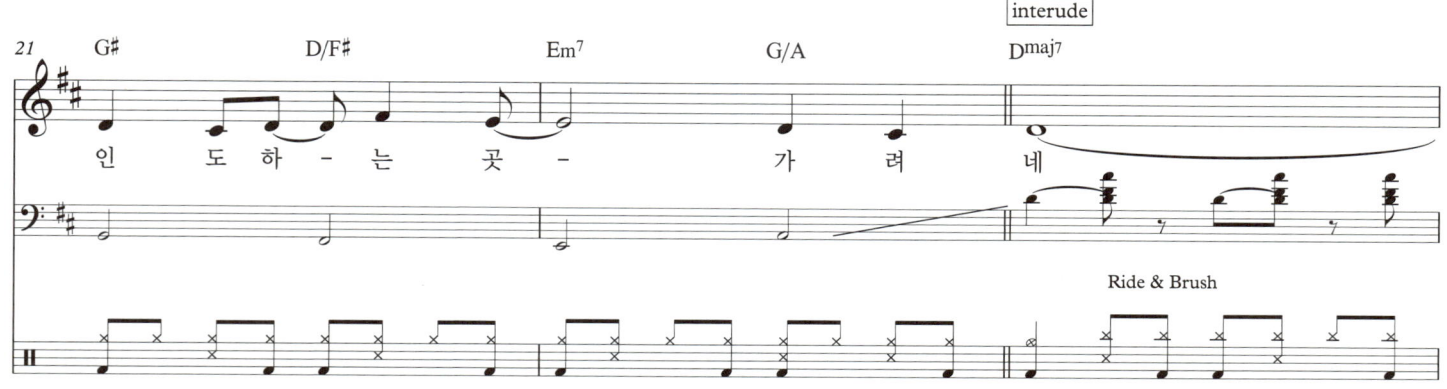

B
chorus

푸 른 초 - 장 과 -   쉴 만 한 물 - 가 로 -   내

선 하 신 - 목 자 -   날 인 - 도 해 - -   험 한

산 과 골 - 짜 기 - 로 -   내 가 다 닐 지 - 라 도 - -   내

선 하 신 - 목 자 -   날 인 - 도 해 - -   나 를

B'

푸른초-장과 - 쉴 만한물-가 로 - 내

선 하신 - 목 자 - 날 인 - 도 해 - - 험 한

산 과골-짜 기 - 로 - 내가다 닐 지 - 라 도

내 선 하신 - 목 자 - 날 인 - 도 해

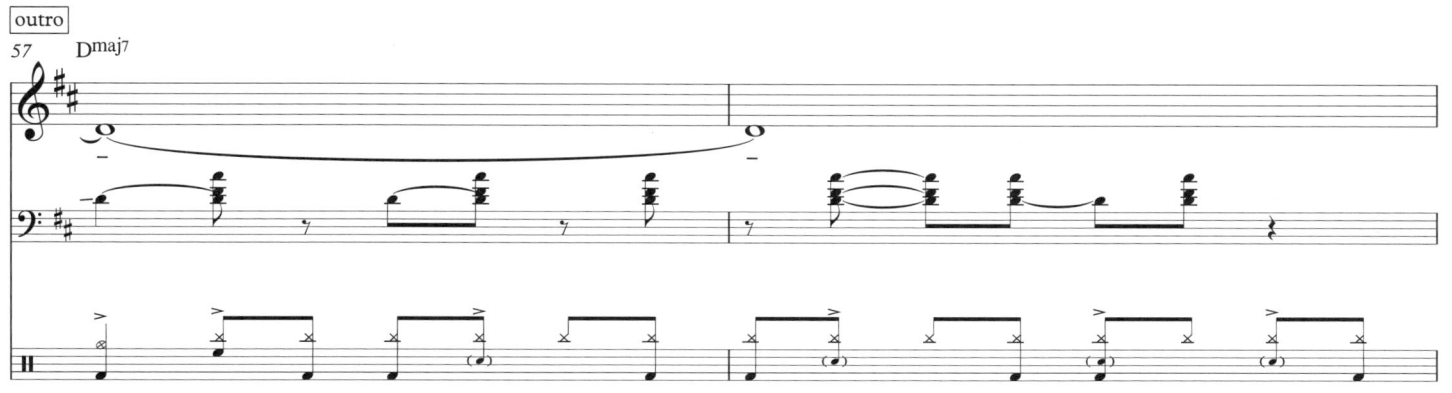

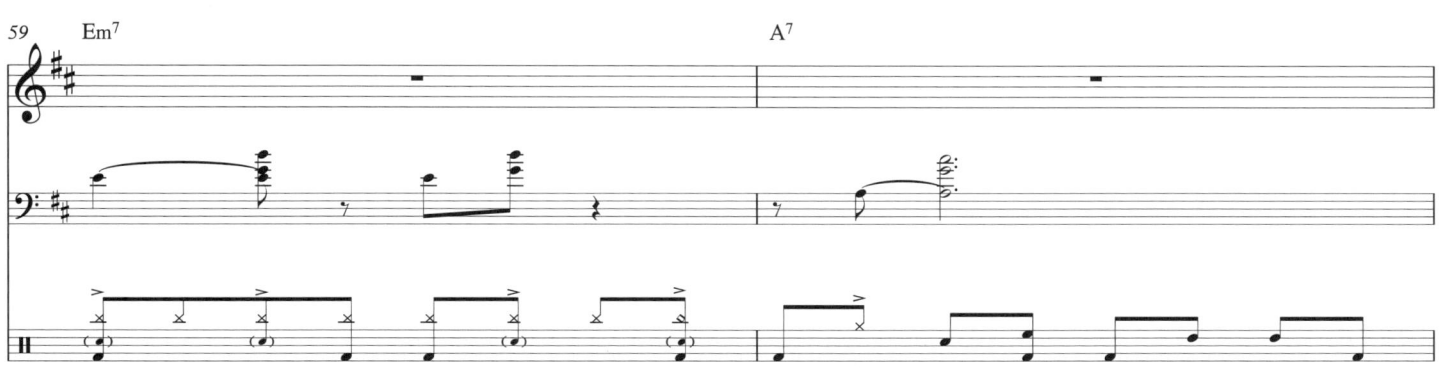

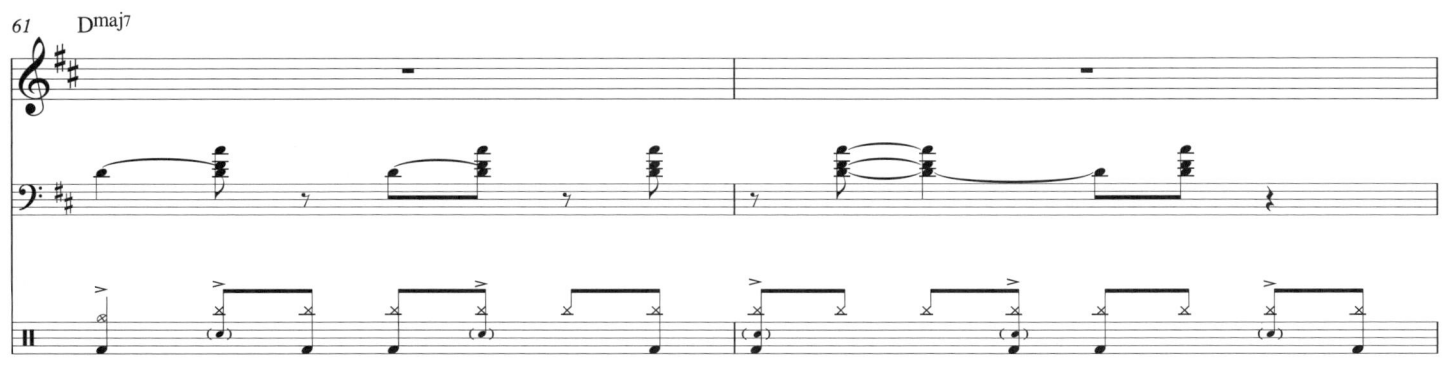

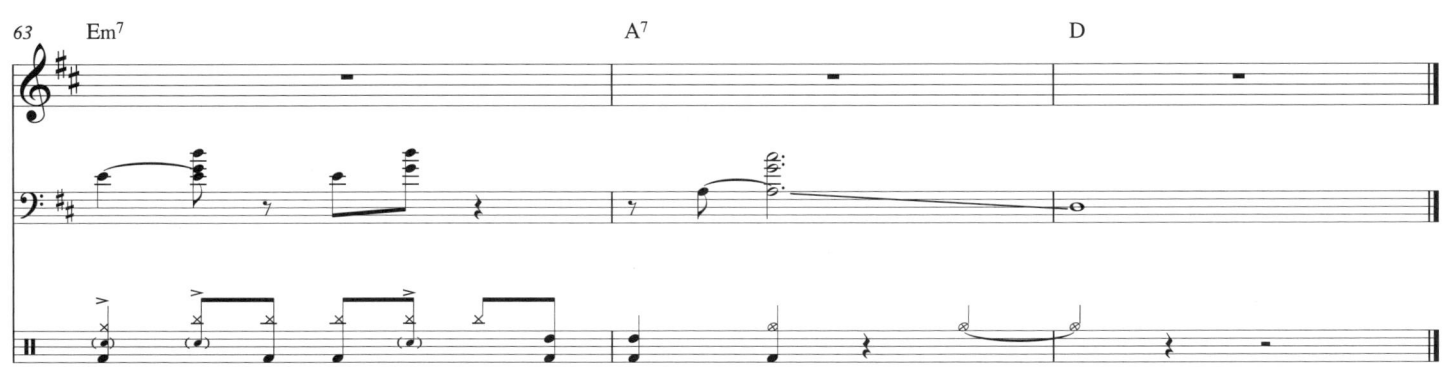

나의 슬픔을

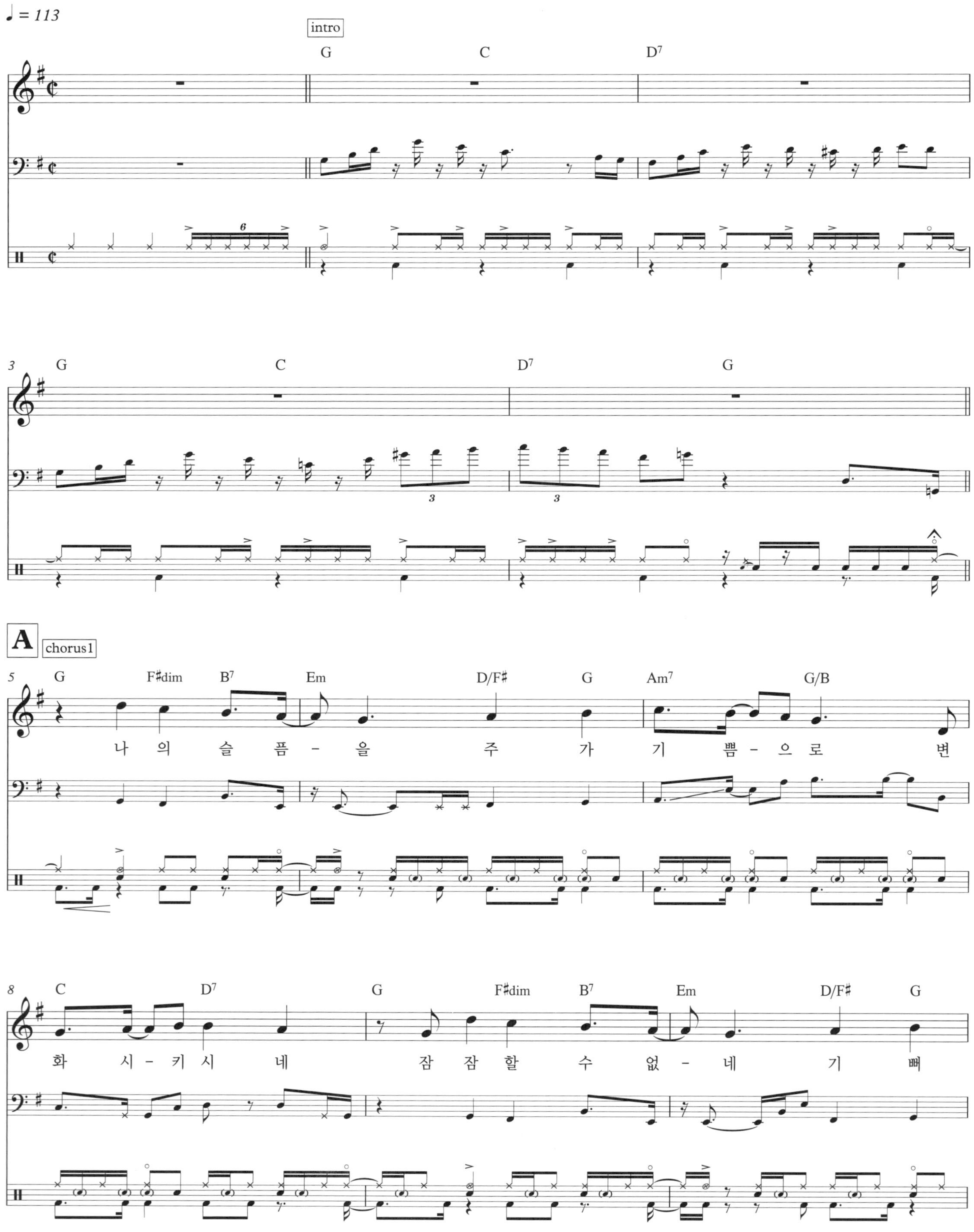
♩= 113
intro
G C D7
3 G C D7 G
A chorus1
5 G F♯dim B7 Em D/F♯ G Am7 G/B
나 의 슬 픔 - 을 주 가 기 쁨 - 으 로 변
8 C D7 G F♯dim B7 Em D/F♯ G
화 시 - 키 시 네 잠 잠 할 수 없 - 네 기 뻐

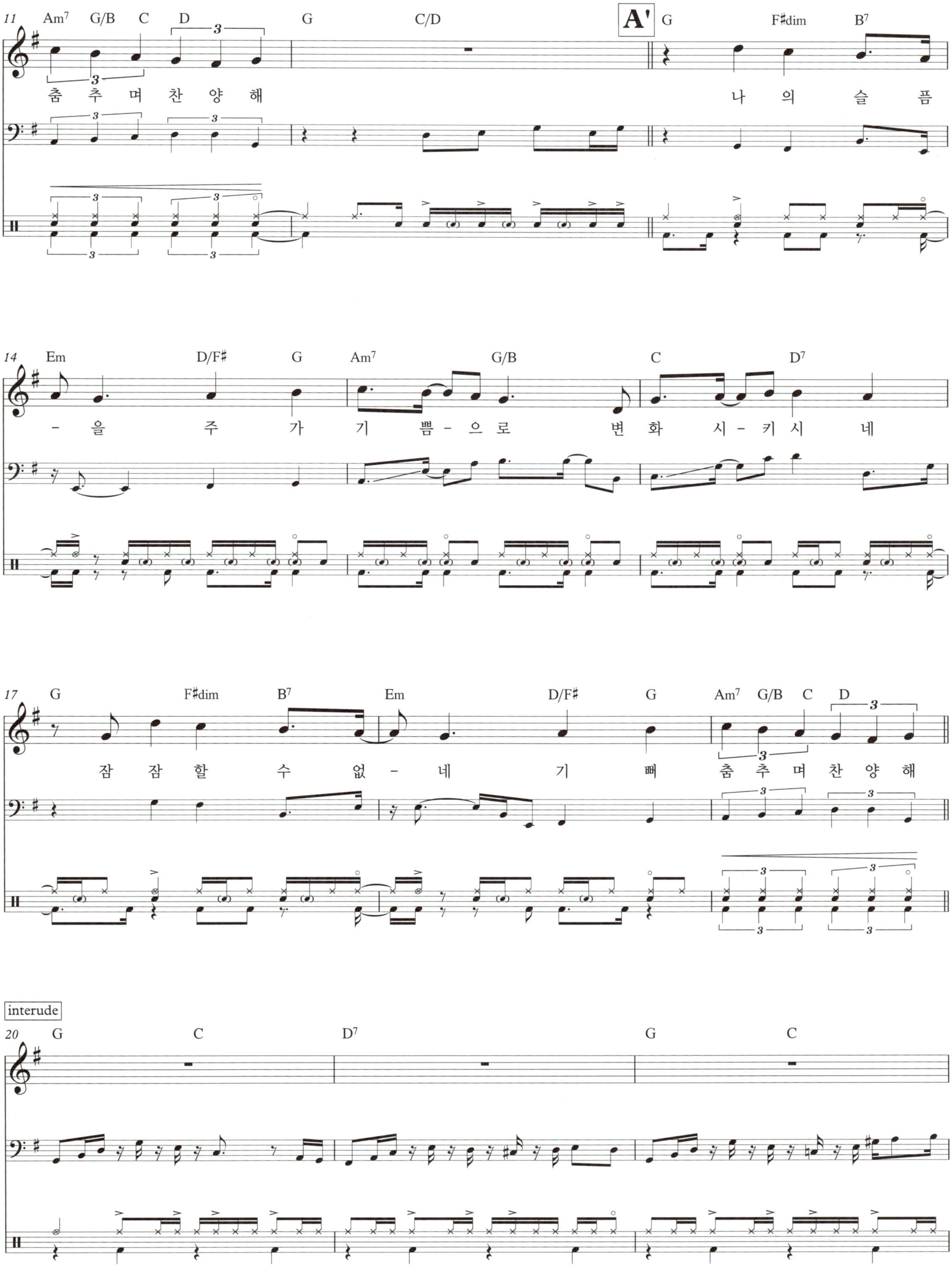
11 Am7 G/B C D G C/D
춤 추 며 찬 양 해
A' G F#dim B7
나 의 슬 픔
14 Em D/F# G Am7 G/B C D7
- 을 주 가 기 쁨 - 으 로 변 화 시 - 키 시 네
17 G F#dim B7 Em D/F# G Am7 G/B C D
잠 잠 할 수 없 - 네 기 뻐 춤 추 며 찬 양 해
interude
20 G C D7 G C

B verse

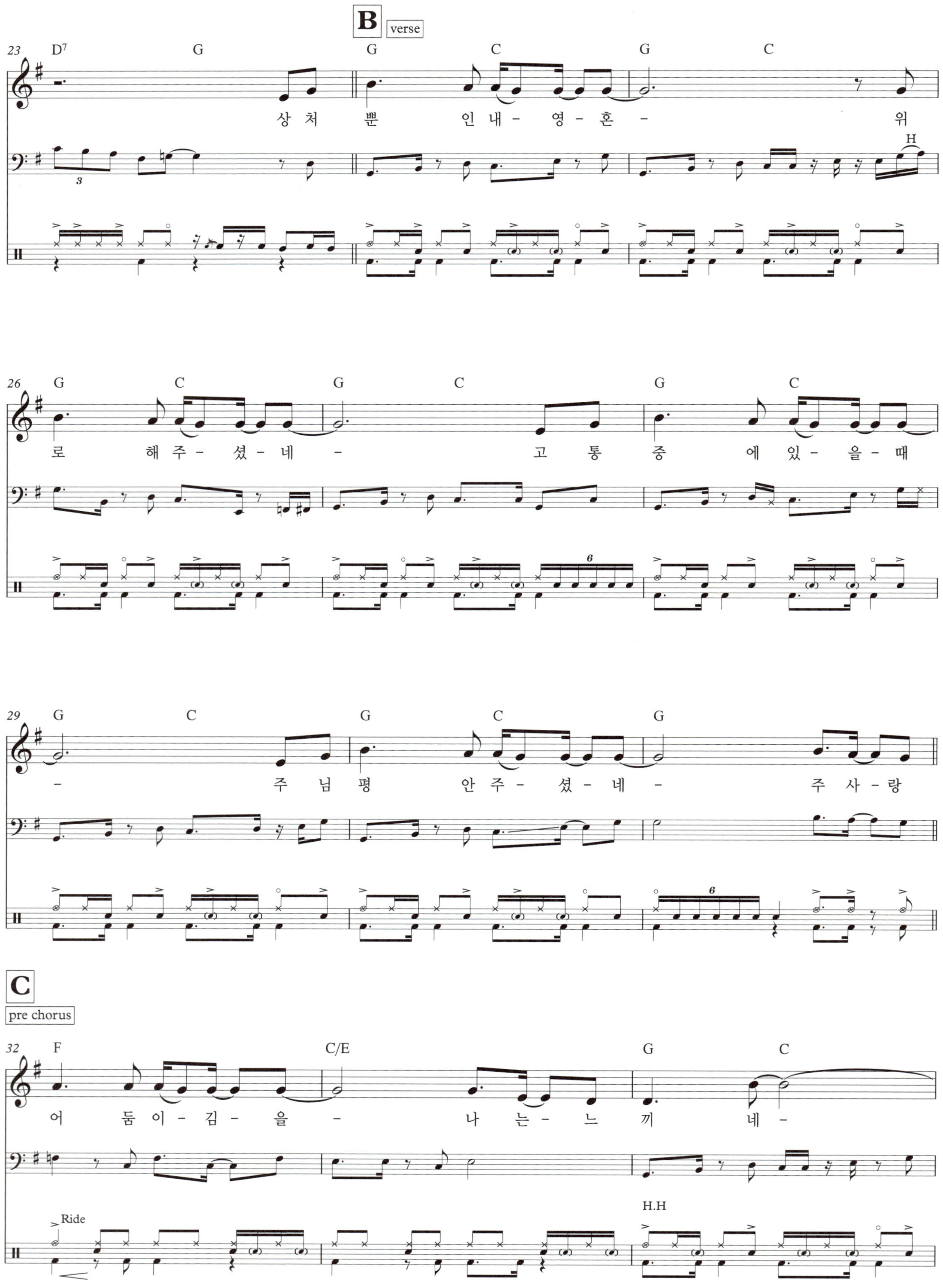

상처뿐 인내-영-혼- 위

로 해주-셨-네- 고통중 에있-을때

- 주님평 안주-셨-네- 주사랑

C

pre chorus

어둠이-깊을- 나는-느끼 네-

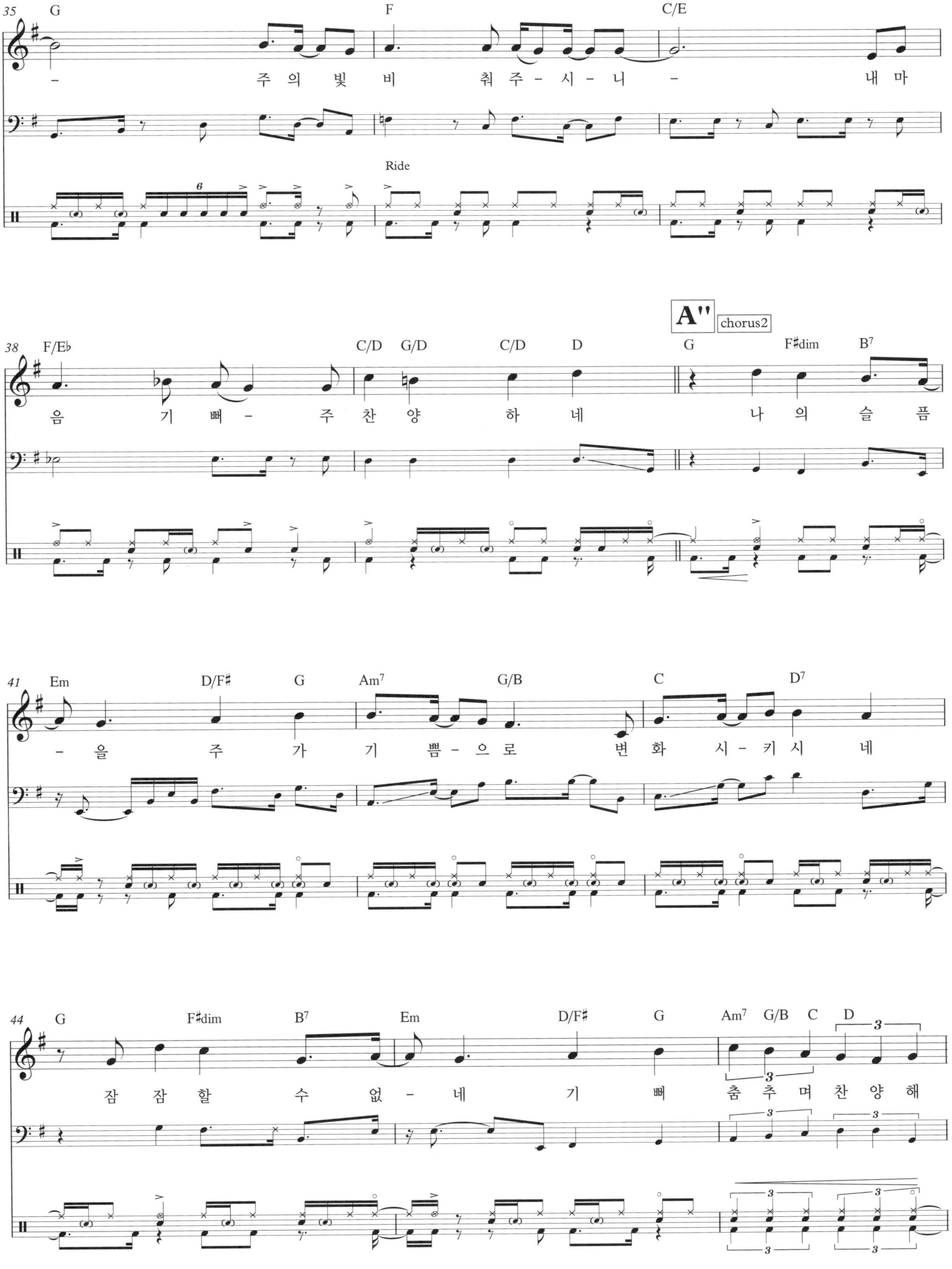

35 G / F / C/E

주의 빛 비 쳐 주-시-니 - 내 마

Ride

A'' chorus2

38 F/E♭ / C/D G/D / C/D D / G F#dim B⁷

음 기 뻐- 주 찬 양 하 네 나 의 슬 픔

41 Em D/F# / G Am⁷ / G/B / C D⁷

-을 주 가 기 쁨-으로 변 화 시-키 시 네

44 G F#dim B⁷ / Em D/F# / G Am⁷ G/B C D

잠 잠 할 수 없-네 기 뻐 춤 추 며 찬 양 해

Br bridge

47 G · F/G · G⁷

때 론 주 님 - 분 노

50 G⁷(♯11) · G⁷ · G/A

하 실 지 라 도 - 주 의 은 혜 와 사 랑

53 A⁷ · A⁷(♯11) · C/D G/D C/D D

- 나 의 평 생 에 내 게 임 하 네

A'' chorus3

56 G F♯dim B⁷ Em D/F♯ G Am⁷ G/B

나 의 슬 픔 - 을 주 가 기 쁨 - 으 로 변

화 시 - 키 시 네   잠 잠 할 수 없

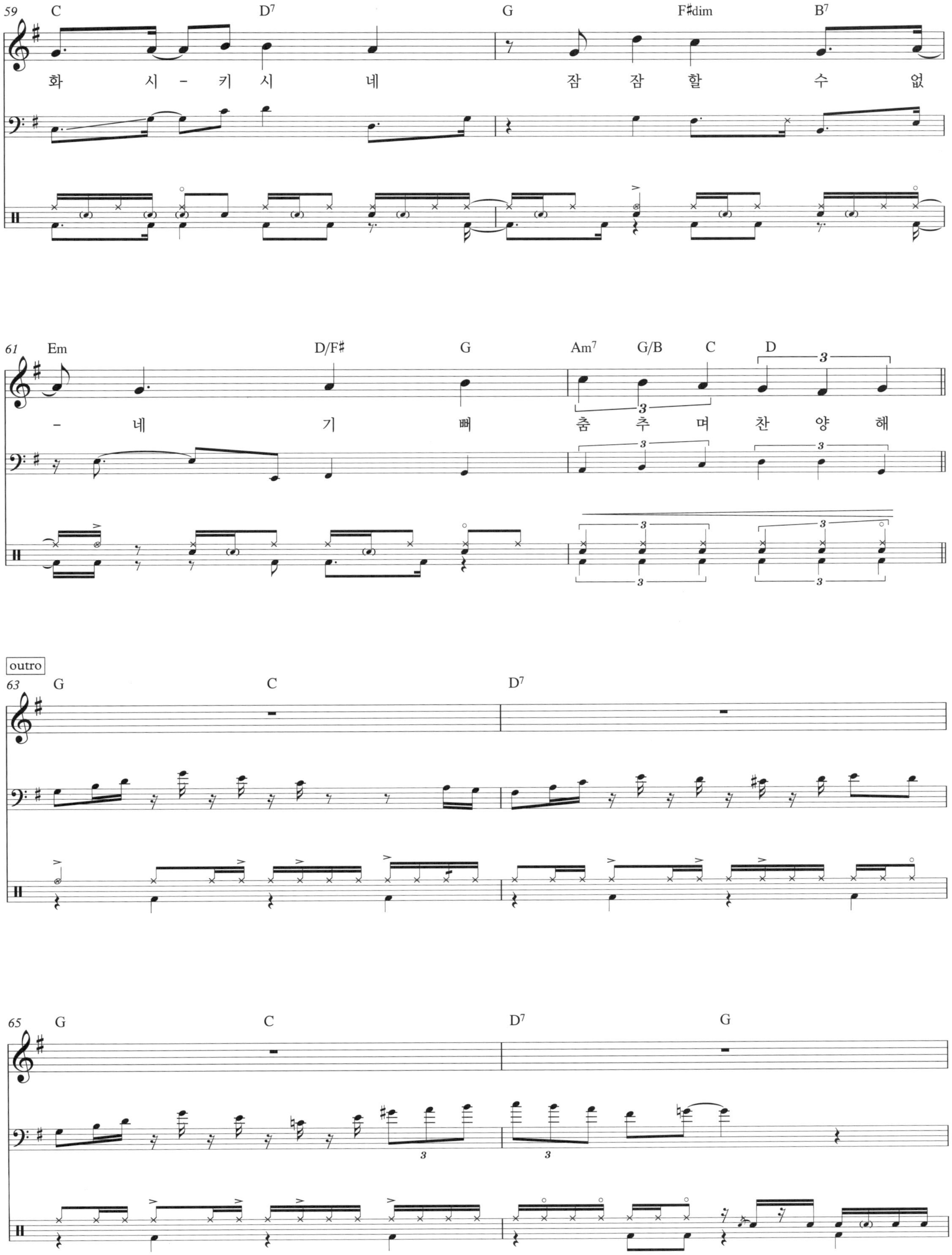

- 네   기 뻐   춤 추 며 찬 양 해

outro

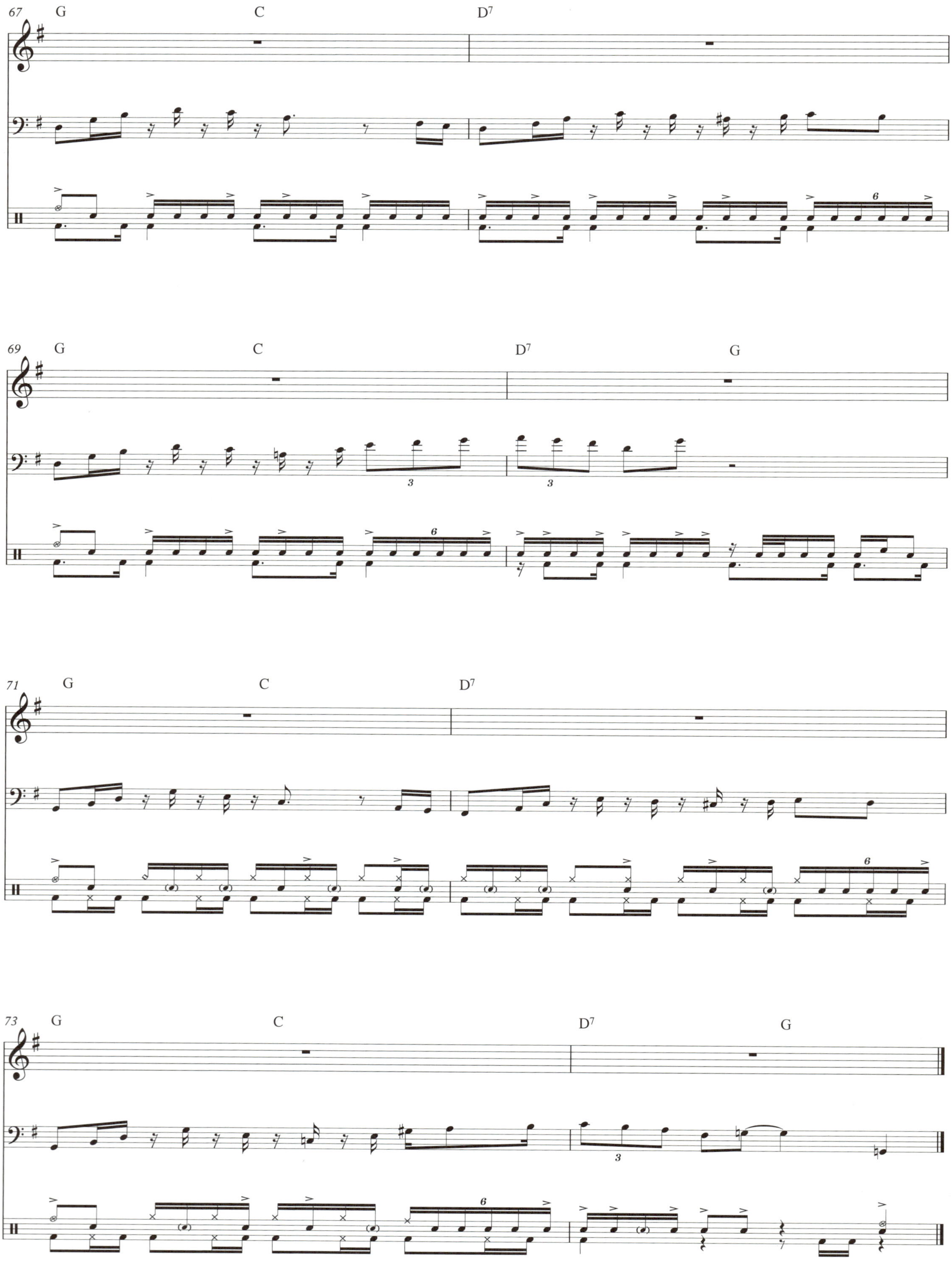
67 G C D7
69 G C D7 G
71 G C D7
73 G C D7 G

Drum & Bass

알고 연주하면 다르다.

발행일	2016년 10월 5일
편저자	박은찬, 이범석
편 집	유경아
디자인	정민영
영 업	현석호
관 리	김정숙
발행인	최우진
발행처	(주)스코어
등 록	2012년 6월 7일 제313-2012-196호
ISBN	978-11-5780-068-1(13670)
주 소	서울시 마포구 동교로 13길 34(04003)
전 화	02)333-3705
팩 스	02)333-3745